Inhaltsverzeichnis

Vorwort

Liebe Erzieher*innen,

Vorhang auf und Bühne frei für die Projektmappe rund um das Thema Zirkus! In diesem Heft verwandeln sich auch schon die jüngsten Kita-Kinder in kleine Akrobatinnen und Akrobaten, in Seiltänzerinnen und Seiltänzer und in Zauberkünstlerinnen und Zauberkünstler. Kinder finden die Welt des Zirkus faszinierend, sie schlüpfen in andere Rollen, verkleiden sich, lernen Tricks und Kunststücke und verzaubern bei der großen Schlussaufführung die Eltern mit ihrem Können. Ganz nebenbei bewegen sich die Kinder, üben Koordination und Geschicklichkeit und entwickeln sich in allen Sinnesbereichen auf spielerische Weise weiter. Und sie haben die Gelegenheit, die Eltern fröhlich „auszutricksen" mit ihren Ideen.

Die Kinder erfahren, wie der „Zirkus", wie wir ihn heute kennen, überhaupt entstanden ist. Sie basteln rote Nasen und eine Foto-Aufstellerwand, sie tanzen mit Tüchern in einem langsamen Tanz über die Bühne und auf einem Seil. Sie wollen wissen, wie ein dreijähriges Kind auf einem Seil tanzt? Oder wie ein Kind die schwere Gewichtheberstange stemmen soll? Lassen Sie sich überraschen! Clowns, die versuchen, sich gegenseitig zu begießen, damit sie wachsen. Eine Kindergruppe, die es schafft, Tücher miteinander zu verknoten, ohne sie zu berühren. Zahlreiche lustige Zauberspruch-Reime, die teilweise auch das Publikum mitsprechen muss, damit sie wirken. In dieser Mappe erwartet sie viel Spiel, Spaß und Magie und auch einiges zum Basteln und Erforschen.

Besuchen Sie die Tierschau mit den Stofftieren der Kinder und ihren ganz besonderen Fähigkeiten (Auch die kritische Auseinandersetzung mit dem Thema „Tiere im Zirkus" wird thematisiert!) und sehen Sie, wie Tiger und Löwen durch einen Feuerreifen springen.
Die Tiermasken und die übrigen gebastelten Sachen darf jedes Kind natürlich mit nach Hause nehmen.
Die wilde Reiterei, glitzernde Zauberstäbe, Wundertüten und auch das Seifenblasenfangen werden den Kindern viel Spaß machen.

Die Übungen und Kunststücke sind häufig von Zirkusmusik begleitet, sodass die für den Zirkus so besondere Stimmung entsteht. Dazu gehört auf jeden Fall auch etwas Leckeres zum Knabbern, das die Kinder gemeinsam mit Ihnen natürlich selbst herstellen.

Ich wünsche Ihnen und Ihren Kindern ganz viele magische Zirkus-Momente!

Herzliche Grüße
Mareike Brombacher

Hinweis: Liebe Fachkraft, wir möchten in unseren Materialien niemanden benachteiligen oder diskriminieren. Daher nutzen wir unter anderem das Gendersternchen, um alle Geschlechter anzusprechen. Auf Arbeitsblättern für Kinder verzichten wir jedoch aus Gründen der besseren Lesbarkeit darauf und nutzen weiterhin entweder die „neutrale" Form oder Doppelformen. Selbstverständlich sind stets alle Geschlechter gemeint.

Vorbemerkungen und Arbeitshinweise

Zu den verwendeten Symbolen

Bildungsbereiche (jeweils das äußerste Symbol oben rechts auf den Arbeitsblättern):

 Sprachliche Bildung

 Musikalische Bildung

 Ästhetische Erziehung

 Umwelt-, Sach- und Naturbegegnung

 Gesundheit und Ernährung

 Mathematische Bildung

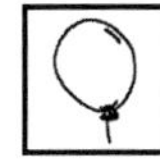 Feste und Feiern

 Wahrnehmung und Entspannung

 Körpererfahrung und Bewegung

 Sozialerfahrungen

Sonstige Symbole:

 geeignet für die Begabtenförderung

 für unter 3-Jährige geeignet

Layout:

- Die Seiten mit **dem Zirkuszelt** im Layout unten rechts sind für die Erzieher*innen gedacht.

- Die Seiten mit **dem Clown** unten rechts sind Arbeitsblätter, die direkt mit den Kindern bearbeitet werden können.

Zu Gesprächskreisen:
Es ist sinnvoll, den Gesprächskreis in einer entspannten Atmosphäre stattfinden zu lassen. Überlegen Sie, ob das Gespräch mit der ganzen Gruppe oder nur mit einem Teil der Gruppe durchführbar ist.

Zu Rezepten:
Achtung: Bitte achten Sie bei allen Rezepten auf eventuelle Lebensmittelunverträglichkeiten oder Allergien der Kinder.

Tipps und Anregungen zu den einzelnen Angeboten

Schreiben Sie den Eltern vor Beginn des Projektes einen Brief, in dem Sie um Materialien bitten, die Sie für das Zirkusprojekt benötigen. Bitten Sie dabei um Eierkartons, Pappkartons, Kissen, aussortierte Erwachsenenschuhe, Hüte, Erwachsenenhosen, Zylinder, Hemden, aussortierte Illustrierte, Tücher, Perücken und kleine Regenschirme.
Vielleicht können Sie auch schon ein Datum für einen Aufführungstag ankündigen.

Zusätzlich zu den hier angebotenen Projekten können Sie weitere Dekorationen mit den Kindern anfertigen, wie zum Beispiel Konfetti aus bunten Zeitungen rupfen oder auch Luftschlangen schneiden. Pusten Sie auch Luftballons auf und hängen Sie sie während des Projektes, spätestens bei der großen Schlussaufführung, überall auf. Je mehr Dekoration, umso mehr Zirkusatmosphäre!

Wenn in Ihrer Kita jemand arbeitet, dem Kinderschminken liegt und Freude macht, ist dieses Angebot gut geeignet als Zusatzangebot beim Tag der Zirkusaufführung.
Vielleicht können Sie für diese Aufgaben auch Mütter oder Väter gewinnen.

Für die große Schlussaufführung eignen sich folgende Projekte:
Seiltanz (S. 44), Gewichtheber-Stange (S. 23), Drei kleine Zaubereien (S. 33–35)), Wilde Reiterei (S. 48), Sternen-Tüchertanz (S. 42), Clowns-Nummer (S. 36), Seifenblasen-Träumerei (S. 43), „Quer-Jonglage" (S. 48), Sprung durch den Feuereifen (S. 46), Die letzte Nummer (S. 32)

Zu den Bastelarbeiten, ab S. 15
Decken Sie die Tische möglichst mit Wachstuchdecken ab und stellen Sie alle Materialien in ausreichender Zahl zur Verfügung.
Besprechen Sie die Angebote vorab, damit die Kinder möglichst selbstständig arbeiten können.

Zirkusmappe:
Es bietet sich an, die angefertigten Bilder und Rätselbögen in einer DIN-A4-Mappe einzuheften, die am Ende des Projektes mit nach Hause genommen wird.

Zu den Rezepten, ab S. 28
Klären Sie bei allen Rezepten unbedingt zuvor ab, ob Allergien oder Unverträglichkeiten bestehen.

Zu: „Der Knopf ist weg: Hilf dem Zirkusdirektor!", S. 39
Malen Sie die Knöpfe auf der Anzugjacke vorab mit den genannten Farben aus, damit die Kinder eine Vorlage haben.

Jedes Arbeitsblatt in diesem Projektheft ist einem Bildungsbereich zugeordnet. In der Regel ist es jedoch so, dass die Spielideen, Bastelanleitungen und Lieder niemals nur einen Bildungsbereich ausfüllen, sondern mehrere Bildungsbereiche ansprechen.

Im Internet gibt es viele Möglichkeiten, Zirkusmusik zu finden. Hier finden Sie zum Beispiel einige Stücke:
https://www.youtube.com/watch?v=oz1JeV1lqy4
https://www.youtube.com/watch?v=oGmz8jdW810
https://www.youtube.com/watch?v=i2eqK91SCw8

Hier findet sich ein Lied von Frederik Vahle über eine Zirkusaufführung:
https://www.youtube.com/watch?v=Mv2l4BQ1JAQ

Simsalabim: Spaß-Zaubersprüche für die Zauberschau (ab 3 Jahren)

Einleitung:
Wir sind heute in einer Zauberschule. Es ist ganz wichtig für Zauberschülerinnen und Zauberschüler, gute Zaubersprüche zu können. Die wollen wir heute lernen.

Arbeitsanleitung:
Sie sprechen den Kindern den ersten der Zaubersprüche vor. Sollten bereits die Zauberstäbe (s. S. 18) vorhanden sein, bietet es sich an, dass die Kinder einen Zauberstab in die Hand bekommen und dann beim Sprechen des jeweiligen Verses den Zauberstab im Rhythmus schwingen. Die Sprüche stehen jeweils für sich. Sie können auch im späteren Verlauf des Projektes bei den „Zauber-Abschnitten" verwendet und thematisch angepasst werden.

Ene, mene Zauberei, ene mene Wunderstaub,
nichts ist hier mehr einerlei, alles geht, wie ich es glaub!

Simsalabim, simsalaborium, simsalabi, salabei, salabum!

Hokuspokus, fidibus,
dreimal grüner Zauberkuss.
Hokuspokus, Goldmagie,
das, was ich euch sag, geschieht!

Lirum, Larum, Löffelstiel,
wer viel zaubert, isst auch viel!
Das ist pure Hexerei,
der Kopfsalat nun lila sei!

Abrakadabra, dreimal schwarzer Kater,
was wir wollen, das geschieht!
Wer dreimal um die Ecke sieht,
bestimmt das Spiel in dem Theater.

Spring dreimal im Kreis herum,
sag tiri-tari-rumsdibum,
geh dann drei Schritte vor,
kratz dich am linken Ohr.

Der Löwe springt (ab 3 Jahren)

Material:
Bildkarten „Löwen in der Manege“ (s. S. 7), Kästen für die Bilder

Hinweis: Empfehlenswert für dieses Spiel sind drei oder sechs Kinder.

Arbeitsanleitung:
1. Bitte kopieren Sie die Bildkarten ein- oder zweimal, je nach Anzahl der mitspielenden Kinder. Teilen Sie die Bildstreifen so, dass jedes Kind einen oder zwei Streifen mit je drei oder sechs Löwenbildern erhält.
2. Kopieren Sie dann die Bildkarten noch einmal in der Anzahl der mitspielenden Kinder und schneiden Sie die Bögen dann in Einzelkarten.
3. Vermischen Sie die einzelnen Bildkarten und legen Sie sie auf einen Stapel. Ihr Ziel ist es, dass die Kinder die Präpositionen festigen können. Zeigen Sie ihnen dazu nacheinander alle Bildkarten und sprechen Sie jeweils die Sätze passend zur Bildkarte.

Nun beginnt das Spiel:
Wird eine Karte gezogen, darf das Kind, das das jeweilige Bild auf seinem Bildstreifen sieht, den Satz sprechen, und erhält dann die Karte. Es gilt also, gut aufzupassen – auch, ob die anderen Kinder den Satz richtig sagen. Sprechen Sie den Kindern die richtige Version nochmals als Hilfe vor.

Natürlich bekommen die Kinder die Karten auch dann, wenn sie zunächst nicht die richtige Formulierung verwendet haben.

Tipp: Sie können fitten Kindern eine Kopie mit allen Bildkarten geben. Bitte prüfen Sie dann, dass Sie genug Einzelkarten haben, damit die Kinder ihre Vorlage mit den Bildkarten belegen können.

- Der Löwe springt durch den Ring.
- Der Löwe sitzt vor dem Ring.
- Der Löwe sitzt auf der Tonne.
- Der Löwe sitzt hinter der Tonne.
- Der Löwe sitzt vor der Tonne.
- Der Löwe sitzt unter dem Ring.
- Der Löwe sitzt neben der Tonne.
- Der Löwe sitzt zwischen der Tonne und dem Ring.
- Der Löwe sitzt hinter dem Ring.

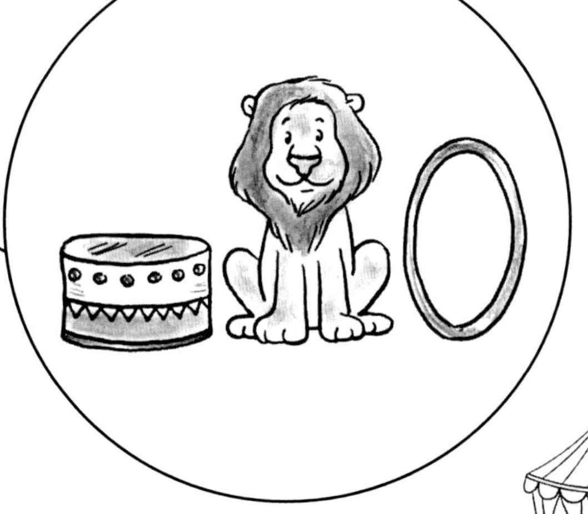

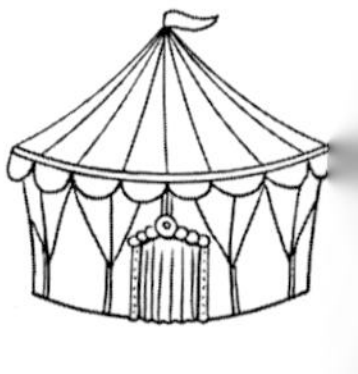

Bildkarten „Löwen in der Manege“

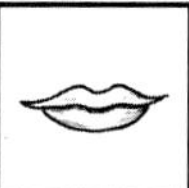

Fingerspiel: Alle meine Fingerlein gehen in den Zirkus rein

(ab 2 Jahren)

Arbeitsanleitung:

1. Setzen Sie sich mit den Kindern auf den Boden in einen Kreis. Es empfiehlt sich, die ganz kleinen Kinder neben sich zu setzen.
2. Sprechen Sie langsam und deutlich den Text für das Fingerspiel und machen Sie die Bewegungen langsam und deutlich vor. Vielleicht können Sie teilweise auch die Hand des Kindes führen.

Alle meine Fingerlein gehen in den Zirkus rein.	*Hände nach oben halten und dabei die Finger ausgestreckt „zappeln" lassen.*
Der Daumen, der will nicht nur gucken, der macht mit, will Feuer spucken.	*Daumen als einzigen Finger hochstrecken, die andere Hand öffnet und schließt sich schnell daneben als „Feuer".*
Die Zeigefinger gehen ihm nach, sie sind die Clowns und stolpern, ach!	*Die gestreckten Zeigefinger „gehen" durch die Luft, werden nach vorne geklappt (stolpern) und dann wieder gestreckt (sich aufrichten).*
Da stehen sie wieder, das ist gut, die Mittelfinger schaun nur zu.	*Die Mittelfinger werden nach vorne ausgestreckt.*
Die wollen sich jetzt beeilen und tanzen auf den Seilen.	*Die Mittelfinger tanzen abwechselnd auf dem Unterarm des anderen Arms und hüpfen dort ein bisschen herum.*
Verbeugen sich dann heiter, schon geht die Aufführung weiter.	*Die Mittelfinger verbeugen sich.*
Die Ringfinger, sie sind jetzt dran, fangen ihre Übung an.	*Die Ringfinger richten sich auf.*
Sie machen einen Tanz zu zweit, das Publikum es klatscht erfreut.	*Die Ringfinger berühren sich an den Kuppen und „tanzen" durch die Luft.*
Nun sind die kleinen Finger dran. Glaubst du, dass er zaubern kann?	*Die Kinder können rufen „Ja!", dabei werden die kleinen Finger ausgestreckt.*
Ene, mene, eins, zwei meck, alle Finger sind schon weg!	*Alle Finger verschwinden in der Faust oder hinter dem Rücken.*
Nun kommen alle Fingerlein zurück und reiten in die Manege, welch ein Glück!	*Alle zehn Finger trappeln auf dem Boden.*
Sie reiten eine Runde, genießen den Applaus, dann ist der Zirkus leider aus!	*Die Hände machen Schwungbewegungen, dann winken sie alle.*

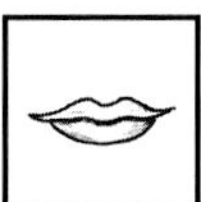

Zirkusgedicht (ab 3 Jahren)

Material:
Text des Gedichtes (s. u.), Motive zu den Versen (s. S. 10 – 11, ggfs. großkopiert)

Arbeitsanleitung:
1. Die Kinder lernen (am besten im Kreis auf dem Boden sitzend) gemeinsam mit Ihnen den Text und schauen sich dabei die Bilder an.
2. Sie bewegen sich jeweils zu den ersten Zeilen wild tanzend durch den Raum, setzen sich dann hin und schauen gemeinsam das nächste Bild an.
3. Beim Sprechen des Textes klatschen Sie mit den Kindern rhythmisch in die Hände oder auch auf den Fußboden. Beim letzten Vers können die Kinder während des Gedichtaufsagens anfangen, selber Purzelbäume zu machen oder weit zu springen, zu rennen …
4. Später dürfen die Kinder die Bilder ausmalen und in ihre Zirkusmappe (s. S. 4) legen.

Zirkusgedicht

Komm mit, wir wollen Zirkus spielen, komm, wir tanzen wild!
Hier im Kreis und auf der Stelle, schau mal dieses Bild:
Darauf ist ein Clown zu sehen, mit ’ner roten Nase.
Was er ganz besonders mag ist ein bunter Hase.

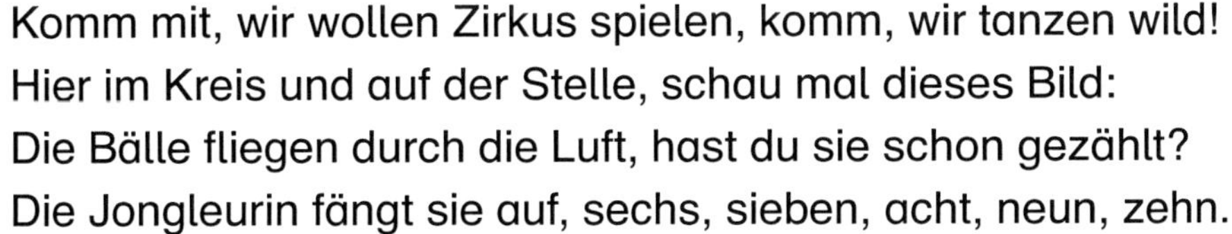

Komm mit, wir wollen Zirkus spielen, komm, wir tanzen wild!
Hier im Kreis und auf der Stelle, schau mal dieses Bild:
Die Bälle fliegen durch die Luft, hast du sie schon gezählt?
Die Jongleurin fängt sie auf, sechs, sieben, acht, neun, zehn.

Komm mit, wir wollen Zirkus spielen, komm, wir tanzen wild!
Hier im Kreis und auf der Stelle, schau mal dieses Bild:
Akrobaten sind darauf zu sehen, sie stapeln sich zu Pyramiden.
Sie haben Kraft für Salto, Flickflack – das ist, was wir an ihnen lieben.

Komm mit, wir wollen Zirkus spielen, komm, wir tanzen wild!
Hier im Kreis und auf der Stelle, schau mal dieses Bild:
Die Seiltänzerin, sie schwankt, sie hält den Schirm an ihrer Seite,
und blickt konzentriert in die Zirkuszeltweite.

Komm mit, wir wollen Zirkus spielen, komm, wir tanzen wild!
Hier im Kreis und auf der Stelle, schau mal dieses Bild:
Wilde Pferde im Galopp, reiten hier im Kreis,
springen über bunte Hürden, haben Spaß dabei!

Komm mit, wir wollen Zirkus spielen, komm, wir tanzen wild!
Hier im Kreis und auf der Stelle, schau mal dieses Bild:
Schau, jetzt kommen alle Kinder, schau, was wir schon können!
Komm mit, wir wollen Zirkus spielen, komm, wir tanzen wild!

Kopiervorlage „Motive zu den Versen“ (1)

Kopiervorlage „Motive zu den Versen“ (2)

Trommeln aus Blumentöpfen

Material: für jedes Kind einen Blumentopf aus Ton (sauber und leer), Fingerfarben, Transparentpapier, Kleister, Malkittel, Deko-Material wie Glitzersteine, Perlen, Federn usw.

Arbeitsanleitung:

1. Sie rühren den Kleister an und stellen ihn auf dem Tisch bereit.
2. Die Kinder ziehen ihre Malkittel an.
3. Dann bekommt jedes Kind vier Bögen Transparentpapier. Dieses wird nun so zugeschnitten, dass der Durchmesser etwa 2 cm über den Rand des Blumentopfes hinausgeht. Den Kleineren helfen Sie dabei, die Größeren können ihren Blumentopf mit der Öffnung nach unten auf das Papier stellen und einen Kreis drumherum malen, der den genannten Abstand zum Rand hat.
4. Dann werden die Transparentpapierbögen mit Kleister bestrichen.
5. Nun legen die Kinder einen Bogen nach dem anderen über die Öffnung und drücken ihn am Rand der Blumentöpfe fest. Dabei spannt sich das Papier. Vier bis sechs Schichten werden übereinandergelegt und außen festgeleimt.
6. Nun ist die Trommel fertig und kann bunt angemalt werden.
   Achtung: Bitte nicht das Transparentpapier auf der Öffnung des Blumentopfes bemalen, denn darauf soll ja getrommelt werden!
7. Zum Schluss fädeln die Kinder einige Perlen auf ein Band und binden es mit Ihrer Hilfe über die überlappenden Teile des Transparentpapiers.
8. Wer will, darf nun noch Glitzersteine, Federn etc. auf die Trommel kleben.

Hör hin: Zirkusgeschichte „Besuch im Zirkus“ mit Trommelbegleitung (1) (ab 2 Jahren)

Material:
Geschichte „Besuch im Zirkus“ (s. u.), Schlaginstrumentarium der Orffschen Instrumente, Kochtöpfe, 1 selbst gebastelte Blumentopf-Trommel (s. S. 11), Kochlöffel

Arbeitsanleitung:
Damit bei der Zirkusaufführung auch spannungsreiche musikalische Untermalung vorhanden ist, dürfen einige Kinder an verschiedenen Arten von Trommeln gemeinsam mit Ihnen unterschiedliche Rhythmen einstudieren. Diese sind auf eine einfache Weise strukturiert. Zentral ist, dass bei spannenden Situationen – zum Beispiel dann, wenn die Seiltänzerin zu schwanken scheint – diese Rhythmen schneller / intensiver werden. Es kommt also nicht so sehr auf die korrekten Schlagabfolgen an als vielmehr auf die Stimmung, die mit dem Instrument vermittelt wird. Mit der folgenden Geschichte können Sie diese spannungsreichen Situationen mit den Kindern einüben.

Geschichte „Besuch im Zirkus“

Mara und Lars gehen heute mit ihren Eltern in den Zirkus. Mara freut sich schon sehr auf den Clown und Lars ist gespannt, was die Akrobatinnen machen werden. Sie bekommen an der Kasse ein Eintrittsticket, dürfen Popcorn und Limo kaufen und suchen sich Plätze im Zelt. Nach und nach kommen noch viele andere Kinder. Die meisten haben auch ihre Eltern dabei. Dann geht es los! Ein lauter Trommelwirbel ertönt.	*Die Kinder trommeln.*
Die Direktorin kommt in einem schwarzen Kleid mit silbernen Sternen darauf in die Manege, um die Kinder zu begrüßen. Das Publikum klatscht Beifall.	*Die Kinder klatschen.*
Dann kommt eine Frau in die Manege, die eine Säge trägt. Ihr folgt ein Mann. Der Mann steigt in einen langen Kasten. Der Deckel wird zugemacht und nur noch der Kopf und die Füße des Mannes schauen heraus. Nun beginnt die Frau, den Kasten durchzusägen.	*Die Kinder trommeln.*
Sie sägt und sägt – und siehe da: Sie sägt den ganzen Kasten durch! Dann schiebt sie die beiden Hälften auseinander. Der Mann lächelt immer noch, obwohl er schon durchgesägt wurde. Die Frau schiebt die Hälften wieder zusammen. Der Kasten wird aufgeklappt und der Mann steigt kerngesund heraus. Das Publikum applaudiert begeistert!	*Die Kinder klatschen laut!*
Die Vorstellung geht weiter. Eine Clownin und ein Clown torkeln gemeinsam in die Manege. Sie haben einen Eimer und einen Besen dabei und wollen sauber machen. Dabei stoßen sie sich immer gegenseitig mit dem Besen um.	*Die Kinder rufen laut „plumps“.*
Die Clownin geht nun rückwärts. Dabei kommt sie dem Wassereimer immer näher und näher …	*Die Kinder trommeln.*
und plumps, fällt sie hinein!	*Die Kinder rufen laut „oh“.*
Erschreckt steigt die Clownin heraus. Sie ist pudelnass und schüttelt sich.	*Die Kinder rufen „brrrrrrrrrrrrr“.*

Hör hin: Zirkusgeschichte „Besuch im Zirkus“ mit Trommelbegleitung (2)

Der Clown lacht ausgelassen.	*Die Kinder rufen „ha, ha, ha“.*
Während er so lacht, kommt er dem Wassereimer immer näher …	*Die Kinder trommeln.*
und plumpst ebenfalls hinein. Das Publikum lacht ebenfalls und klatscht begeistert Beifall.	*Die Kinder lachen „ha, ha, ha“ und klatschen Beifall.*
Als Nächstes kommt ein Zauberer. Er hat einen Hut dabei und schwenkt seinen Zauberstab. Dabei murmelt er einen Zauberspruch. Geheimnisvoll wandert der Zauberstab hin und her, hin und her … und zunächst passiert nichts.	*Die Kinder trommeln.*
Dann schaut plötzlich ein kleiner weißer Zipfel aus dem Hut. Der Zauberer lacht und zieht ein Kaninchen aus dem Hut heraus!	*Die Kinder rufen „ha, ha, ha“.*
Nun rennen hintereinander drei Akrobatinnen und zwei Akrobaten in die Manege. Sie stellen sich übereinander, ganz vorsichtig …	*Die Kinder trommeln wieder.*
und schließlich stehen sie sicher als Pyramide! Das Publikum klatscht.	*Die Kinder klatschen begeistert!*
Danach klettern die Akrobaten an den Seiten des Zeltes hoch und stehen nun ganz weit oben. Sie schwingen sich mit Seilen über das Publikum hinweg und machen dabei Purzelbäume und Drehungen in der Luft. Als sich drei Akrobaten in dieser schwindelerregenden Höhe übereinanderstapeln, hält das Publikum den Atem an.	*Die Kinder trommeln ganz leise.*
Hoffentlich fallen sie nicht herunter. Nein, sie schaffen es und kommen gesund und munter wieder unten am Boden an. Das Publikum klatscht erleichtert.	*Die Kinder klatschen ganz laut und rufen begeistert „Hurra!“*
Das war eine tolle Vorführung! Doch halt, sie scheint noch gar nicht vorbei zu sein. Ein kleiner Junge kommt mit einem Hund in die Manege, das ist wohl der Sohn der Zirkusfamilie. Er hat einen Reifen dabei und ein Stückchen Salami. Er hält die Salami hinter den Reifen. Wird der Hund durch den Reifen springen?	*Die Kinder trommeln.*
Tatsächlich: Der Hund springt hindurch. Das Publikum ist begeistert!	*Die Kinder rufen laut „Bravo, bravo!“*
Nun wirft der kleine Junge gemeinsam mit seinen Eltern und den größeren Geschwistern Konfetti ins Publikum. Alle winken und rufen „Auf Wiedersehen!“	*Alle Kinder rufen ebenfalls „Auf Wiedersehen“!*
Mara und Lars sind glücklich, aber nach all der Aufregung auch erschöpft. Endlich können sie ihr Popcorn essen und die Limonade trinken, das haben sie nämlich vor lauter Spannung völlig vergessen.	

Lied „Aramsamsam“ (ab 2 Jahren)

Material:
Lied „Aramsamsam“ (s. u.), Bewegungsanleitung

Arbeitsanleitung:
Zum Einstieg sagen Sie: „Wir wollen jetzt ein Lied miteinander lernen, zu dem wir bestimmte Bewegungen machen. Es heißt *Aramsamsam* und ist ein marokkanisches Kinderlied.“

Hinweis: Dieses Lied eignet sich als Gruppenvorführung ebenfalls für die Schlussaufführung für die Eltern.

Aramsamsam

Aramsamsam, aramsamsam,	☆ Im Rhythmus des Liedes werden die Hände auf die Oberschenkel geklatscht.
gulli, gulli, gulli, gulli, gulli,	☆ Die Arme werden vor dem Körper angewinkelt und die Unterarme über- und untereinander gerollt, ohne sich zu berühren (als wolle der eine Unterarm um den anderen Unterarm herumkreisen).
ramsamsam,	☆ Mit den Händen wieder auf die Beine klatschen.
aramsamsam, aramsamsam,	☆ Im Rhythmus des Liedes werden die Hände auf die Oberschenkel geklatscht.
gulli, gulli, gulli, gulli, gulli,	☆ Die Arme werden vor dem Körper angewinkelt und die Unterarme über- und untereinander gerollt (als wolle der eine um den anderen Unterarm herumkreisen).
ramsamsam,	☆ Im Rhythmus des Liedes werden die Hände auf die Oberschenkel geklatscht.
arafi, arafi,	☆ Die Hände und Arme werden hochgestreckt und bei -fi vor den Knien auf dem Boden abgelegt.
gulli, gulli, gulli, gulli, gulli,	☆ Die Arme werden vor dem Körper angewinkelt und die Unterarme über- und untereinandergerollt (als wolle der eine um den anderen Unterarm herumkreisen).
ramsamsam,	☆ Wieder auf die Beine klatschen.
arafi, arafi,	☆ Die Hände und Arme werden hochgestreckt und bei -fi vor den Knien auf dem Boden abgelegt.
gulli, gulli, gulli, gulli, gulli,	☆ Die Arme werden vor dem Körper angewinkelt und die Unterarme über- und untereinandergerollt (als wolle der eine um den anderen Unterarm herumkreisen).
ramsamsam	☆ Nun mit den Händen wieder auf die Beine klatschen.

Tipp:
Das Lied können Sie sich anhören auf Youtube:
https://www.youtube.com/watch?v=9W36DUhgLQY

Blick in die Wundertüte **(ab 3 Jahren)**

Material:
Kopiervorlage „Wundertüte“ (s. S. 16 – 17), 1 Klebefilm, Wachsmalstifte, kleine Gegenstände wie Besteck, Murmeln, kleine Spielfiguren aus Holz oder Hartplastik

Arbeitsanleitung:

1. Schneiden Sie gemeinsam mit den Kindern die Kopiervorlage „Wundertüte“ aus und kopieren Sie die Gegenstände je nach Anzahl der Kinder noch ein weiteres Mal. Dann malen die Kinder die Sterne ihrer Tüte bunt an, auch der Hintergrund kann angemalt werden.
2. Helfen Sie den Kindern nun dabei, aus dem Papierquadrat eine Tüte (ähnlich einer Schultüte) zu drehen. Sie wird einfach mit Klebefilm an den offenen Seiten zugeklebt. Sie können diese Tüte ein wenig flach drücken, insbesondere dann, wenn Sie mit den Motiven auf der Vorlage arbeiten möchten.
3. Ohne dass die Kinder sie sehen können, schneiden Sie die Bilder der Gegenstände aus. Alternativ können Sie Gegenstände verwenden, die in der Gruppe vorhanden sind, zum Beispiel Murmeln, Spielfiguren, Bauklötze. Entscheidend ist dabei die Größe der Gegenstände, denn sie müssen in die Tüte passen.
4. Die Kinder setzen sich mit ihren fertigen Tüten in einen Kreis und schließen die Augen, während Sie ihnen einen der (echten oder kopierten) Gegenstände fast ganz in die Tüte stecken, und zwar so, dass die Tüte vor den Kindern auf dem Boden oder auf dem Tisch liegt und vom Gegenstand nur ein Teil sichtbar ist. Haben alle Kinder einen Gegenstand erhalten, dürfen sie ihre Augen wieder öffnen. Reihum betrachten die Kinder nun ihre sichtbaren Teile des abgebildeten oder auch realen Gegenstandes in ihrer Tüte und raten, um was es sich handeln könnte.

Tipp:
Mit den kleineren Kindern können Sie vorher die Gegenstände anschauen, sie benennen und dann die Kinder den ganzen Gegenstand oder aber die Bildkarten aus der Tüte holen lassen, um einfach den Namen zu sagen.
Alternativ können Sie bei den jüngeren Kindern auch ein wenig mehr vom Gegenstand/von der Bildkarte aus der Tüte herausschauen lassen.

Kopiervorlage „Wundertüte“ (1)

BVK • Mareike Brombacher: Kita aktiv „Projektmappe Zirkus“

Kopiervorlage „Wundertüte“ (2)

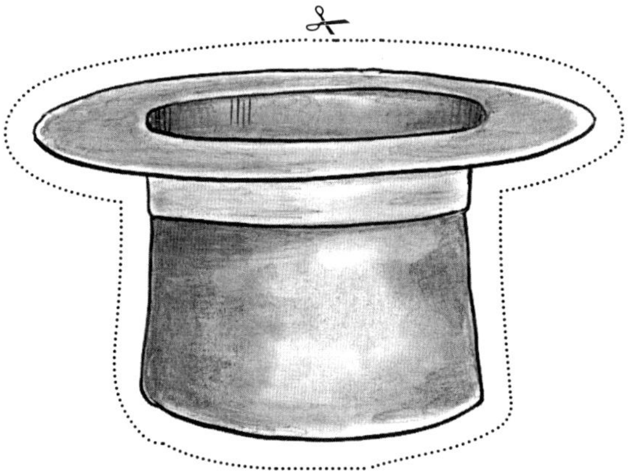

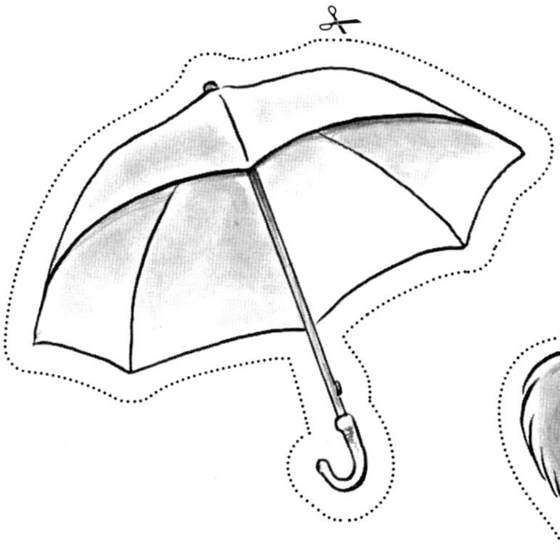

Rote Nasen für alle! (ab 3 Jahren)

Material:
leere Eierkartons, rote Wasser- oder Acrylfarbe, Pinsel, Näh-Gummiband (entsprechend der Anzahl der Kinder), Malkittel, Scheren

Arbeitsanleitung:
1. Schneiden Sie mit den Kindern aus dem Eierkarton jeweils eine Wölbung aus.
2. Nun malen die Kinder dieses Kartonstück von außen rot an.
3. Helfen Sie ihnen dann dabei, an den Seiten mit der Schere zwei Löcher hineinzubohren und das Gummiband hindurchzufädeln.

Fertig ist die Clowns-Nase!

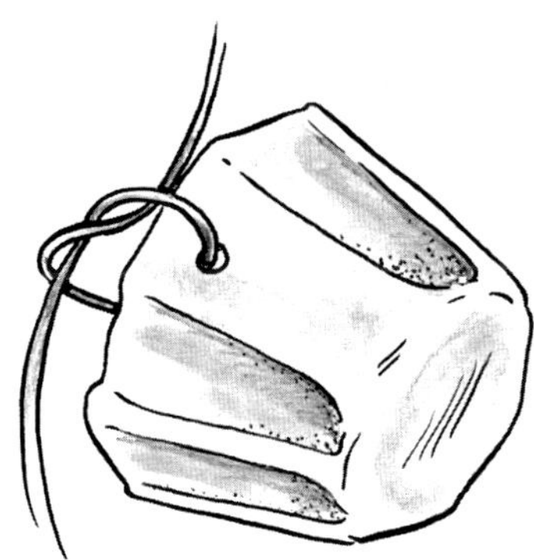

Mein zauberhafter Zauberstab (ab 5 Jahren)

Material:
Wollreste, Schnüre in verschiedenen Farben (auch mit Glitzer)

Arbeitsanleitung:
Gehen Sie mit den Kindern draußen spazieren – am besten in einem Wald oder Park – und halten Sie Ausschau nach Stöcken, die am Boden liegen. Jedes Kind soll am Ende des Ausflugs einen schönen Stock haben, den es in einen Zauberstab verwandeln kann.

Wieder in der Kita:
Die Kinder knoten mit Ihrer Hilfe den ersten Wollfaden am Stock fest und wickeln ihn dann so lange um den Stock, wie sie möchten. Wollen sie die Farbe wechseln, knoten sie den nächsten Faden an. Sie sollen mit diesem Faden den Knoten dann so lange überwickeln, bis man keinen Knoten mehr sehen kann.
Schön ist es, falls unter den Wollresten besonders auffällige oder schöne Fäden sind – vielleicht auch mit Glitzerelementen –, wenn diese zum Schluss sichtbar über die anderen Fäden gewickelt werden.
Der letzte Knoten wird gut verknotet und dann der Wollfaden direkt über dem Knoten abgeschnitten.
Nun kann die Zauberei losgehen.

Hinweis:
Dieses Angebot lässt sich gut mit dem Angebot „Spaß-Zaubersprüche" auf Seite 5 kombinieren.

Manegenumrandung aus bunten Schuhkartons (ab 3 Jahren)

Material:
15 – 30 Schuhkartons, Fingerfarben, Zeitungen, Malkittel

Arbeitsanleitung:

1. Schätzen Sie vorab den Umfang Ihrer Vorführfläche. Berechnen Sie in etwa die Anzahl von Schuhkartons die Sie benötigen, um diese Fläche damit zu umrahmen und zum Publikum hin abzugrenzen. Es dürfen natürlich auch Lücken zwischen den Schuhkartons bleiben, sodass zumindest optisch eine Abgrenzung sichtbar ist.
2. Schreiben Sie nun die Eltern an mit der Bitte, Schuhkartons in den Kindergarten mitzugeben. (Wenn Sie zu Beginn des Projektes den allgemeinen Brief verschickt haben, ist das an dieser Stelle nicht mehr nötig.)
   Alternativ können Sie auch ein Schuhgeschäft kontaktieren und darum bitten, ein paar Tage für Sie ungenutzte Schuhkartons zurückzulegen, wenn Kundinnen oder Kunden sie zurückgelassen haben.
3. Nun breiten Sie auf dem Boden flächig die Zeitungen aus und stellen die Töpfe mit den Fingerfarben bereit.
4. Die Kinder erhalten die Schuhkartons und können sie entweder einfarbig anmalen oder aber mit mehreren Farben gestalten. Alternativ können auch Blumen oder andere Motive darauf gemalt werden – Hauptsache bunt! Wer möchte und kann, darf auch seinen/ihren Namen noch groß darauf schreiben. So sieht man vom Publikum aus sofort, wer mit zur Kindergarten-Zirkusfamilie gehört.
5. Lassen Sie die bemalten Schuhkartons gut trocknen. Bis zur Aufführung können sie in einer Ecke des Raumes als Turm gestapelt oder zum Spielen und Stapeln verwendet werden. Ist es dann soweit, werden sie geholt und dienen – nebeneinander hingelegt – als Umrahmung der Manege.

Papiergirlanden als Zirkusdekoration (ab 4 Jahren)

Material:
Kopiervorlage „Zirkuszelt-Girlande“ (s. S. 20), Scheren, Stifte, Schnur, 1 Klebestift

Arbeitsanleitung:

1. Nehmen Sie die Kopiervorlage „Zirkuszelt-Girlande“ und schneiden Sie gemeinsam mit den Kindern etwa 30 Doppel-Zirkuszelte (an den Spitzen der Zelte verbunden) aus. Lassen Sie die Kinder die Zelte nach eigenen Vorstellungen ausmalen. Legen Sie die ausgeschnittenen Zelte dann – mit der bemalten Seite nach unten – nebeneinander auf den Tisch oder auf den Boden. Nehmen Sie die Schnur und legen Sie sie quer über den Tisch oder auf den Boden. Führen Sie die Schnur dabei über die Mitte der Zirkuszelt-Bilder.
2. Nun gilt es, Kleber auf die Zirkusbilder aufzutragen und diese einmal so zu falten, dass immer genau zwei gleiche Bilder aufeinanderliegen. Achten Sie darauf, dass auch in der Nähe der Schnur Kleber ist, damit die Zelte nachher nicht nebeneinander rutschen können.

Kopiervorlage „Zirkuszelt-Girlande“

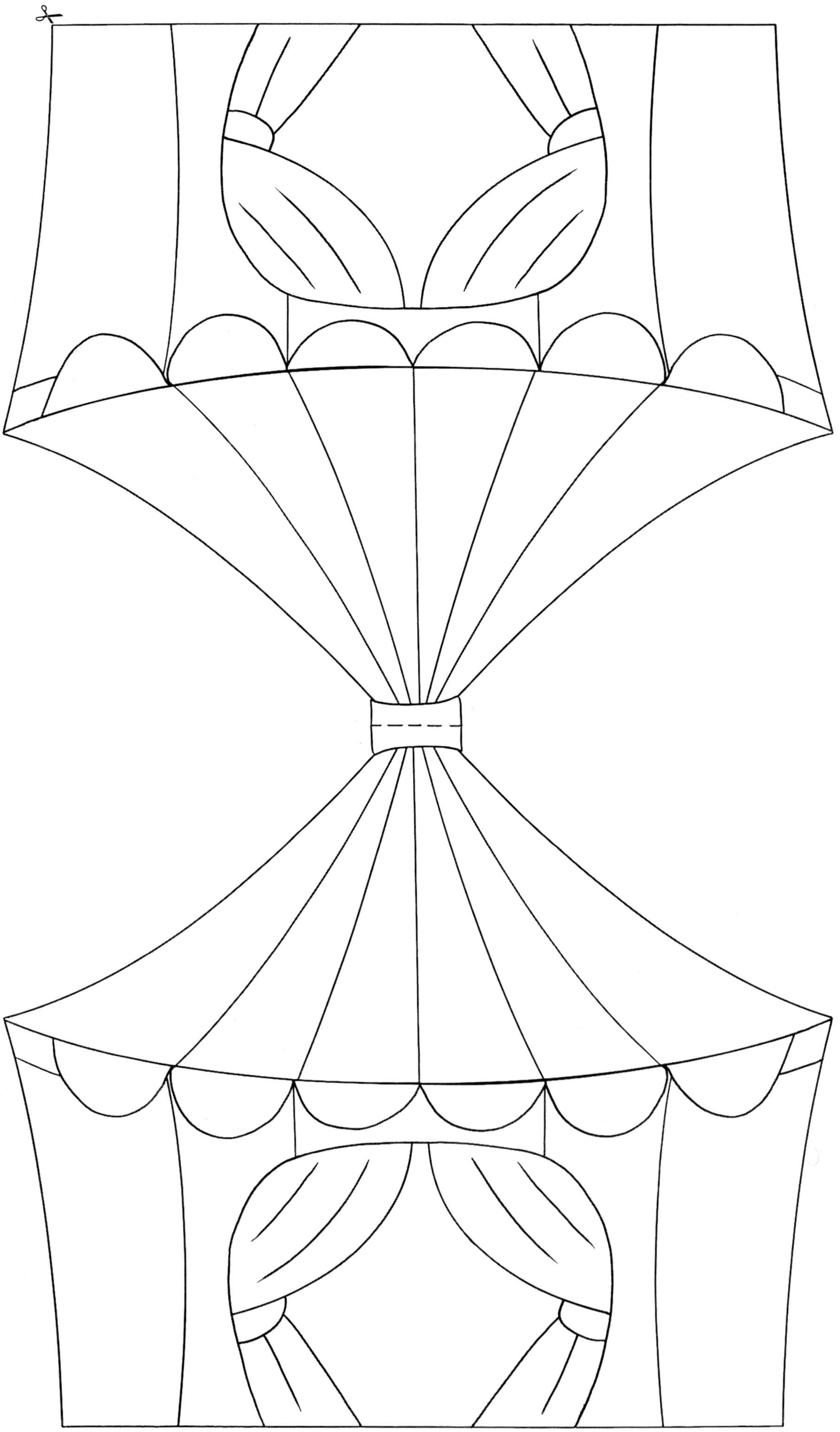

Lustige Foto-Aufstellwand (ab 4 Jahren)

Material:
2 Sperrholzplatten (80 x 120 cm), 2 Klappscharniere und dazu passende Schrauben, Schraubenzieher, Reißzwecken, Papierrolle in der gleichen Größe (also 80 x 120 cm), 1 Schere, Plakatfarben, Pinsel, Malkittel, 1 Säge, die Kopiervorlage „Zirkusaufsteller“ (s. S. 22), ggf. Smartphone für lustige Fotos

Arbeitsanleitung:
1. Die Kinder ziehen sich Malkittel an.
2. Kopieren Sie die Vorlage um 400 % hoch, sodass sie für die Aufstellwand passt. Übertragen Sie die Kopiervorlagen auf die Papierbahnen und achten Sie dabei auf die Größe der Köpfe. Sie sollten eher zu groß als zu klein sein, damit nachher die Löcher, die dafür entstehen, auch groß genug sind, um das eigene Gesicht zu zeigen. Alternativ können die Kinder mit Ihnen selber Figuren entwerfen und auf die Fläche auftragen. Die Kopiervorlagen dienen nur als Idee.
   Hinweis: Sollten Sie keine technischen Möglichkeiten in Ihrer Einrichtung haben, um das Papier auf eine entsprechende Größe hochzukopieren, gibt es andere Möglichkeiten: Sie können das vorgegebene Motiv auch händisch auf eine weiße Papierrolle übertragen, indem Sie es abzeichnen und mit schwarzem Filzstift dick nachfahren. Verwenden Sie dazu zum Beispiel eine weiße Tapetenrolle oder eine Flipchartrolle. Alternativ können Sie das Motiv auch an eine Druckerei geben, die es in die entsprechende Größe hochkopiert und Ihnen aushändigt. Wichtig wäre hier bei dem Auftrag zu beachten, dass es kein Fotopapier sein darf, da es ja noch angemalt werden soll. Bestellen Sie also einen Ausdruck bewusst in Papierform, oder – wenn möglich – in Tonkartonmaterial.
3. Diese riesigen Bilder werden anschließend direkt auf dem Boden liegend ausgemalt. Legen Sie dafür Zeitungspapier unter die Bilder und stellen Sie den Kindern Plakatfarben zur Verfügung.
4. Stellen Sie die beiden Sperrholzplatten hochkant auf. Verbinden Sie sie an einer Seite mit den Klappscharnieren so, dass die Sperrholzplatten über Eck stehen können, sich aber auch ggf. zusammenklappen lassen, wenn man sie wegstellen möchte.
5. Schneiden Sie nun die Köpfe aus den Papierbahnen mit einer Schere aus.
6. Pinnen Sie mit den Reißzwecken die Papierbahnen an den Holzplatten fest und malen Sie mit einem Stift die Rundung der ausgeschnittenen Köpfe auf die Holzplatte. Nehmen Sie die Papierbahn wieder ab.
7. Sägen Sie nun entsprechend der vorgezeichneten Köpfe Löcher in die Holzplatte.
8. Danach wird die Papierbahn mit möglichst vielen Reißzwecken wieder komplett an der Holzplatte befestigt, und zwar so, dass sie richtig festhält. Es ergibt sich ein Motiv, hinter denen sich drei Kinder knien bzw. stellen können. So können sie hindurchschauen und ein lustiges Foto von sich machen lassen.
9. Bitte bringen Sie in Erfahrung, ob es in Ihrer Kita für das Fotografieren für gruppeninterne Zwecke auch einer Erlaubnis durch die Eltern bedarf. Ist das geklärt, lassen sich von allen Kindern Fotos mit den Aufstellern machen und eine Foto-Reihe in der Gruppe aufhängen. Viel Spaß!

Hinweis:
Der Aufsteller lässt sich auch sehr gut am Rand der Zirkusvorführung für eine Fotoaktion mit den Eltern verwenden.

Tipp:
Bewahren Sie nach dem Projekt diese Aufstellwand auf und verwenden Sie sie für weitere Projekte. Sie können zum Beispiel auch ein Astronautenbild oder ein Bild mit „Tieren aus aller Welt“ auf eine Papierbahn auftragen und sich dabei an der Position der Löcher in der Holzwand orientieren. So haben Sie für verschiedene Themen eine tolle Foto-Aufstellwand für Foto-Aktionen.

Kopiervorlage „Zirkusaufsteller“

Gewichtheber-Stange (ab 3 Jahren)

Material:
1 Besenstiel oder 1 anderer Stab (ca. 80 – 100 cm lang), 2 Luftballons, Schnur, schwarzer Filzstift

Arbeitsanleitung:

1. Nehmen Sie den Besenstiel oder einen anderen etwas dickeren Stab, den Sie zur Hand haben. Blasen Sie zwei Luftballons auf und binden Sie diese so fest wie möglich mit der Schnur an die beiden Seiten des Besenstiels.
2. Sie können auch vorher jeweils ein Loch durch die Seiten des Besenstiels bohren, dann hält die Schnur auf jeden Fall.
3. Schreiben Sie dann mit dem schwarzen Filzstift „250 kg" auf jeden Ballon.

Nun können die Kinder „schauspielern":
Wie stelle ich mich hin, dass es so aussieht, als würde ich wirklich etwas ganz Schweres hochheben? Die Kinder keuchen, schaffen es nicht sofort, spannen ihre Muskeln an. Dann schaffen sie es ein bisschen, bis sie – hurra! – das Gewicht hoch über ihrem Kopf hochstemmen können.

Wenn Sie den Showeffekt noch verstärken möchten, lassen Sie bei der Aufführung zunächst eine erwachsene Person das Gewicht heben. Diese schafft es – natürlich – nicht, aber das Kind schon!

Bildkarten „Was ist ein Zirkus?" (1)

Bildkarten „Was ist ein Zirkus?“ (2)

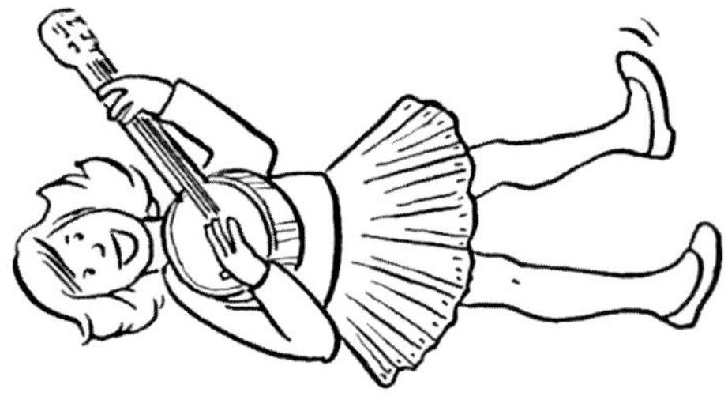

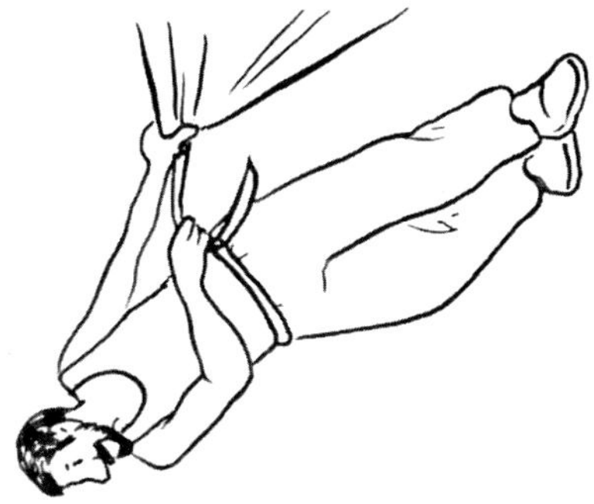

KASSE	
	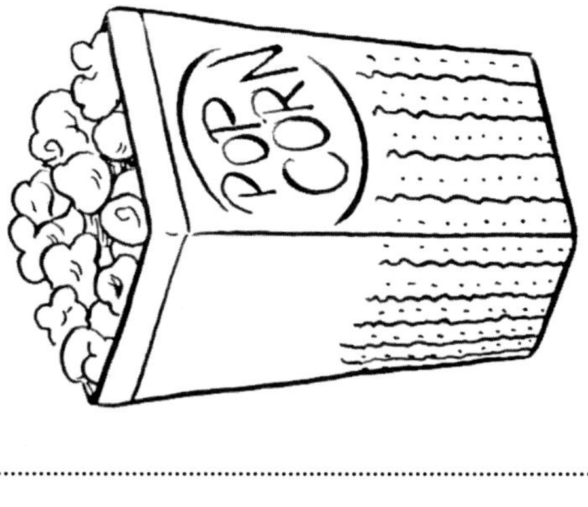 POP CORN

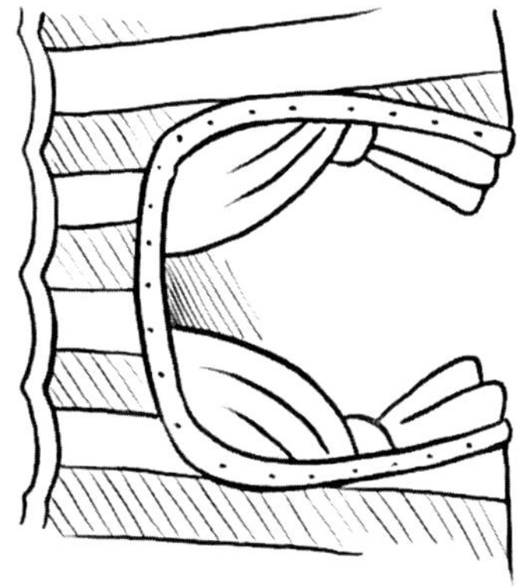

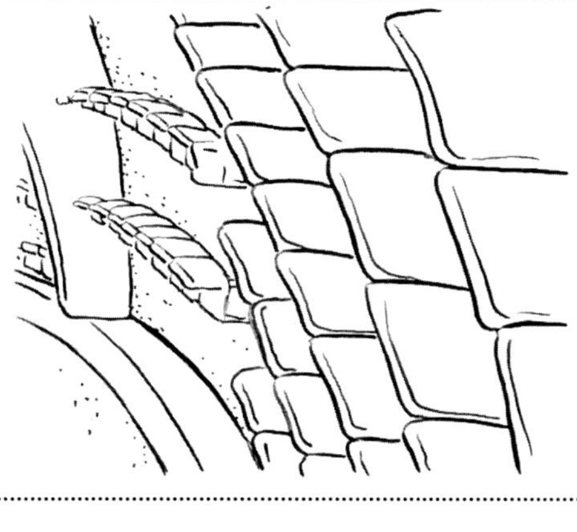

Bildkarten „Was ist ein Zirkus?“ (3)

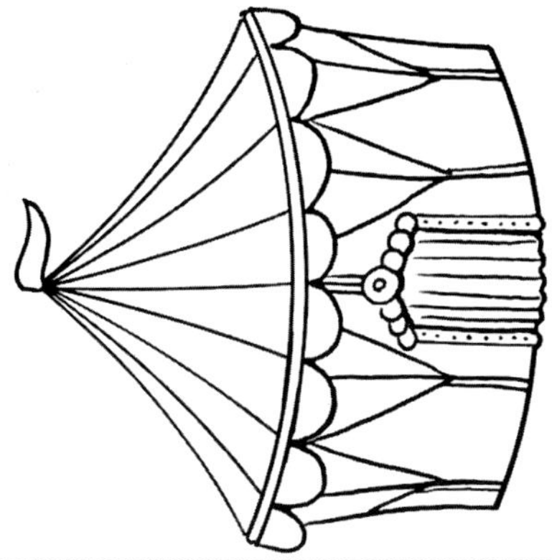

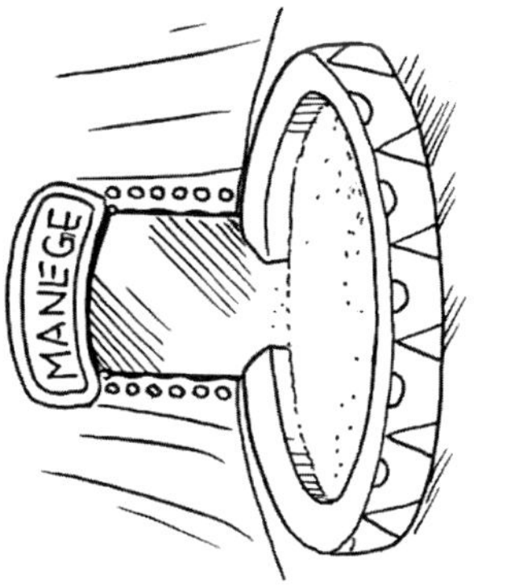

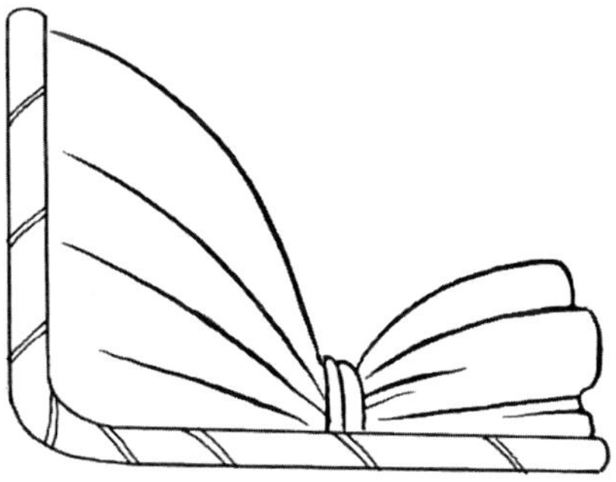

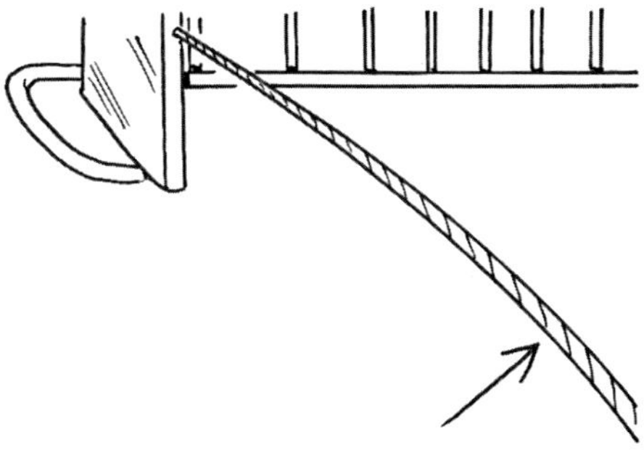

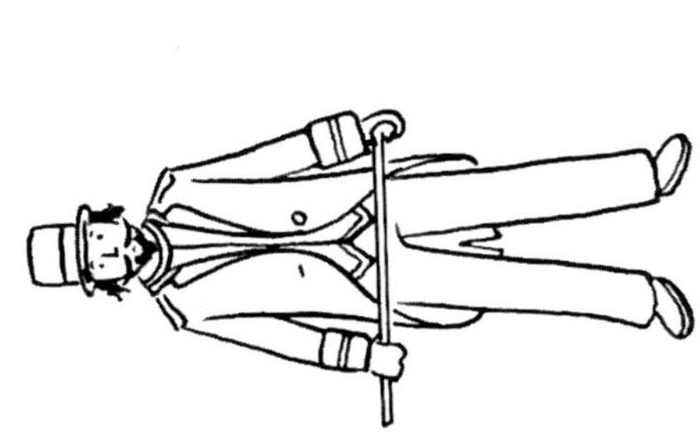

Was ist ein Zirkus? (ab 4 Jahren)

Material:
Kopiervorlage Erzähltext (s. u.), Bildkarten „Was ist ein Zirkus“ (s. S. 23 – 25), 1 Rassel für jedes Kind

Arbeitsanleitung:
1. Setzen Sie sich mit den Kindern in einen Stuhlkreis und halten Sie die Karten bereit. Besprechen Sie mit den Kindern die Frage: Was ist ein Zirkus eigentlich?
2. Die Kinder sammeln eigene Ideen, zum Beispiel:
    - Da werden Kunststücke aufgeführt.
    - Die Vorführung findet in einem Zelt statt.
    - Im Zirkus treten Clowninnen und Clowns auf.
    - Es schauen viele Zuschauer zu.
    - Es gibt Musik und Zauberei und die Leute klatschen Beifall.
    - Oft treten Artistinnen und Artisten auf und manchmal auch Tiere, die durch Reifen springen.
3. Nun breiten Sie die Bildkarten gut sichtbar für die Kinder auf dem Boden aus. Jedes Kind bekommt eine Rassel. Erklären Sie den Kindern:

   Ich erzähle euch jetzt etwas über den Zirkus. Ihr passt ganz genau auf! Wenn ich etwas sage, das hier auf den Karten zu sehen ist, dann rasselt ihr ganz laut mit den Rasseln. Gemeinsam schauen wir, was es ist, und ob wir es alle kennen.

Erzähltext:

Das Wort „Zirkus“ kommt aus der lateinischen Sprache. Es bedeutet eigentlich Kreis und war im alten Rom, also vor ungefähr 2 000 Jahren, so etwas wie eine runde Arena mit stufenartig ansteigenden Sitzreihen rundherum. Vielleicht kennt ihr das so ähnlich auch aus dem Kino. Durch diese Sitzanordnung können alle etwas sehen.

Ein Zirkus ist dazu da, Menschen zu unterhalten und ihnen Spaß und Freude zu bereiten. Dazu zeigt jeweils eine Gruppe von Zirkusleuten, was sie Besonderes kann. Bei einem Zirkus wirken zum Beispiel Akrobatinnen und Akrobaten, Jongleurinnen und Jongleure, Zauberinnen und Zauberer, Tierdompteurinnen und Tierdompteure und Musikerinnen und Musiker mit. Es gibt auch viele Menschen, die die Zirkuszelte auf- und abbauen.

Früher wurden auch häufig Vorführungen mit Pferden gezeigt. Später kamen dann Tiere wie Löwen und Tiger hinzu. Inzwischen finden viele Menschen und Tierschutzorganisationen es nicht mehr so gut, dass wilde Tiere gefangen gehalten werden und zur Unterhaltung von Menschen Kunststücke machen sollen. Einige Zirkusse verzichten deshalb bewusst auf Tiere in ihren Vorstellungen und zeigen lieber Akrobatik und Clownerie. Der „Cirque de Soleil“ feiert große Erfolge ganz ohne Tiere.
Die Zirkusse, die weiterhin Tiere halten, sind anderer Meinung: Sie finden, dass es sich mit den Zirkustieren ähnlich verhält wie mit Haustieren, zum Beispiel Hunden oder Katzen. Die Tiere seien daran gewöhnt und Teil der Familie.

4. Besprechen Sie im Stuhlkreis mit den Kindern: Was gehört noch zu einem Zirkus?
5. Die Kinder sammeln Wörter anhand der Bildkarten.

Kuscheltier-Schau (ab 3 Jahren)

Material:
Kuscheltiere der Kinder, Tische, 1 Präsentationsschild je Kind (s. u.), dicken Stift, Farbstifte

Arbeitsanleitung:

1. Die Kinder werden aufgefordert, an einem bestimmten Tag ein Kuscheltier mit in den Kindergarten zu bringen. Setzen Sie sich mit den Kindern in einen Stuhlkreis. Dabei hält jedes Kind sein Kuscheltier auf dem Schoß.
2. Kopieren Sie die Präsentationsschilder so auf Tonkarton, dass die eine Hälfte des Blattes die Präsentation darstellt, die andere Hälfte leer bleibt. Falten Sie das Schild in der Mitte, sodass es mit der Präsentationsseite nach vorne aufgestellt werden kann.
3. Halten Sie die Blanko-Präsentationsschilder und den dicken Stift bereit. Die Kinder stellen reihum ihr Kuscheltier vor (Name des Tieres, Tierart, besondere Fähigkeit).
   Zum Beispiel: „Mein Tier heißt Wolli. Wolli ist ein Schaf. Wolli kann 10 Meter hoch springen."
   Fällt den Kindern keine besondere Fähigkeit ein, können Sie gemeinsam eine erfinden oder aber Sie lassen diesen Aspekt aus. Es soll schließlich kein Zwang sein, eine besondere Fähigkeit des Kuscheltiers zu benennen. Die Kinder können diese Schilder dann nach ihren Vorstellungen mit den Stiften verzieren.
4. Nach der Vorstellungsrunde werden die Tiere nebeneinander auf den Tisch gelegt, jeweils mit ihrem Schild vor sich. Diese Ausstellung kann Teil der Schluss-Präsentation für die Eltern sein.
   Tipps: Hier einige Anregungen für weitere besondere Fähigkeiten der Kuscheltiere
   - Mein Drache kann Feuer spucken.
   - Mein Kaninchen kann 20 Karotten hintereinander futtern.
   - Mein Krokodil ist sehr gefährlich und es frisst Menschen.
   - Mein Teddybär kann schwere Gewichte heben.
   - Mein Dino kann fliegen.
   - Mein Affe kann Salto schlagen.
   - …

Hinweis:
Auch bei dieser Einheit lässt sich noch einmal thematisieren, dass es nicht unumstritten ist, Tiere im Zirkus zu halten und den Kindern auch zu erklären, dass Tierschutzverbände dagegen demonstrieren. Die Zirkusse selber verteidigen ihre Tierhaltung mit dem Argument, dass die Zirkustiere ihre Familie und ihr Zuhause im Zirkus haben. Ähnlich wie Hauskatzen haben sie Freiheit nie gekannt.

Name des Tieres: ______________________

Tierart: ______________________

Farbe: ______________________

Besondere Fähigkeit: ______________________

Das Kuscheltier gehört: ______________________

Köstliches Popcorn für die Vorstellung (ab 2 Jahren)

Zutaten:
Popcornmais, Sonnenblumenöl, Zucker oder Salz, Puderzucker

Arbeitsmittel:
Schürzen, 1 Topf mit Deckel, 1 Esslöffel, 1 Schälchen pro Kind, evtl. 1 Untertasse und 1 große Schüssel

Arbeitsanleitung:

1. Geben Sie ca. einen Esslöffel Sonnenblumenöl in einen Kochtopf. Geben Sie die Maiskörner dazu und schließen Sie den Topf mit einem Deckel. Am schönsten ist es, wenn dieser Deckel aus Glas ist, sodass die Kinder beobachten können, wie die Maiskörner allmählich im Topf herumspringen und dann platzen.
2. Ist der Topf mit Popcorn voll, füllt sich jedes Kind ein Schälchen damit. Mit Ihrer Hilfe gibt es entweder ein wenig Salz oder ein wenig Zucker bzw. Puderzucker hinzu. Am besten legen Sie eine Untertasse über das Schälchen, halten sie fest und schütteln das Popcorn einmal kräftig durch.
3. Wenn Sie schon wissen, dass alle Kinder Zucker hinzufügen möchten, können Sie das auch in einer großen Schüssel für alle vorbereiten.

Guten Appetit!

Hinweis 1:
Dieses Angebot lässt sich gut mit der großen Zirkusvorführung kombinieren.

Hinweis 2:
Falls schon fertig, könnten auch die „Wundertüten" (s. S. 16) später mit Popcorn befüllt werden.

Zirkus-Snack: Gesunde Knabberstangen (ab 3 Jahren)

Zutaten:
500 g Dinkelvollkornmehl, 170 g Margarine oder Butter, 1/2 Teelöffel Salz, 2 Bananen, 2 Karotten, je nach Geschmack: ca. 1 Tasse Haferflocken, Leinsamen, Sesam, Sonnenblumenkerne …
Achtung: Sie werden mehr benötigen, als Sie denken!

Arbeitsmittel:
Schürzen, 1 Waage, 1 Rührschüssel, mehrere Gabeln, 1 kleinere Schüssel, 1 Löffel, 1 Küchenreibe, 2 Backbleche, 1 Backpapier, 1 Backofen

Arbeitsanleitung:

1. Alle Kinder ziehen eine Schürze an.
2. Wiegen Sie gemeinsam mit den Kindern das Dinkelvollkornmehl und die Margarine oder Butter ab. Geben Sie beides in eine Rührschüssel und fügen Sie das Salz hinzu. Lassen Sie die Kinder den Teig nun kneten.
3. Nun zerquetschen die Kinder die Bananen mit der Gabel in der kleinen Schüssel.
4. Geben Sie den Bananenbrei ebenfalls in die Rührschüssel und rühren Sie mit dem Löffel alles einmal gut durch.
5. Nehmen Sie dann die Karotten und lassen Sie eines der größeren Kinder die Karotten reiben. Geben Sie sie zum Teig hinzu.
6. Nun wird alles noch einmal mit sauberen Händen gut durchgeknetet.
7. Verteilen Sie zwei der oben genannten Körnerarten auf der Arbeitsfläche, also zum Beispiel Haferflocken und Sonnenblumenkerne.
8. Legen Sie das Backblech mit Backpapier aus.
9. Jedes Kind darf sich einen etwa pflaumengroßen Klumpen vom Teig nehmen, ihn zwischen den Händen zu einer Stange rollen, dann in den Körnern wälzen und auf das Backblech legen.
   Geben Sie den Kindern beim Rollen in den Körnern den Hinweis, dass sie gerne ein wenig Druck ausüben können, dann halten die Körner besser an der Stange. Das machen Sie so lange mit den Kindern, bis der Teig aufgebraucht oder das erste Backblech voll ist.
   Schalten Sie nun den Backofen ein und stellen Sie ihn auf 200 Grad Ober-/Unterhitze. Schieben Sie das Blech ohne Vorheizen hinein und backen Sie die Stangen für ca. 30 Minuten. Öffnen Sie nach 15 Minuten den Backofen für ca. 30 Sekunden und lassen Sie etwas Feuchtigkeit heraus.
   Wie bei Plätzchen auch sind die Stangen fertig, wenn sie sich noch leicht eindrücken lassen.
   Holen Sie sie dann heraus.
10. Haben Sie zwei Backbleche, dann benötigt der zweite Backvorgang im vorgeheizten Backofen ca. 5 Minuten weniger Backzeit.

Dieses Rezept sollte etwa 30 bis 40 Knabberstangen ergeben, je nach Größe der Gebäckstücke.

Hinweis:
Je länger und dünner die Knabberstangen geformt werden, umso zerbrechlicher sind sie.
Die Haltbarkeit der Knabberstangen hängt von der Lagerung ab. Im Gruppenalltag mit den Kindern würde ich empfehlen, sie innerhalb von einer Woche aufzubrauchen.
Je nach Geschmack können Sie den Kindern dazu auch Frischkäse-Dips oder Avocado-Creme anbieten.
Auch zu Fruchtpüree passen die Stangen.
Guten Appetit!

Der Zirkus kommt! Die große Schlussaufführung (ab 2 Jahren)

Material:
Einladung mit Programm (s. S. 31), Material aus den jeweiligen Programmpunkten (siehe auf der jeweils angegebenen Seite), Schilder „Erste Zahlen" (s. S. 38)

Ablauf der Vorführung:
Besprechen Sie mit den Kindern, wer gemeinsam mit Ihnen Zirkusdirektorin oder Zirkusdirektor sein darf. Statten Sie sich auch hier mit entsprechender Verkleidung aus. Nehmen Sie die bunten Schuhkartons (s. S. 19) und bilden Sie damit am Boden die Abgrenzung zur Manege. Hängen Sie die Papiergirlanden (s. S. 19) auf. Bereiten Sie die Kuscheltier-Schau (s. S. 27) vor. Stellen Sie zuletzt die Stühle für die Eltern bereit. Beim Hereinkommen erhalten die Eltern noch einmal ein Programm (s. S. 31) sowie ein Papiertaschentuch (falls „Die letzte Nummer", s. S. 32, umgesetzt wird).

Sitzen alle Eltern? Dann kann es losgehen!

Begrüßen Sie gemeinsam mit dem ausgewählten Kind das Publikum und stellen Sie sich und den Zirkus mit Namen vor. Erzählen Sie, wie lange und auf welche Weise Sie am Zirkusprojekt mit den Kindern gearbeitet haben. Weisen Sie auf die Tierschau, die Foto-Stellwand und die selbst hergestellten Knabberstangen hin und kündigen Sie dann die erste Nummer an.

Diese Moderation sollten Sie mit dem Kind vorher einüben. So können Sie zum Beispiel gemeinsam Dinge ankündigen. Sie sagen zum Beispiel:
„Heute erleben Sie hier den Zirkus ..." und das Kind ruft: „Hasensprung! Herzlich Willkommen!"

Je nach Selbstständigkeit und Mut des Kindes können Sie in der Absprache mit ihm mehr oder weniger Redeanteile auf sich oder das Kind übertragen.
Schreiben Sie sich Ihren Ablauf auf jeden Fall noch einmal auf.
Schalten Sie die Musik ein.

Falls Sie eine „Seifenblasengruppe" haben (s. S. 43) beginnt jetzt das Pusten der Seifenblasen vom Rand der Manege.

Dann geht das Kind mit der Nummer 1 durch die Manege, um dem Publikum die erste Zahl zu zeigen.

Zwischen den einzelnen Nummern kann jeweils das Seifenblasen eingebaut werden.
Achten Sie darauf, während der Moderation die Musik leiser zu stellen.
Bei den Clowns und bei der Zauberei sollte sie ganz leise oder auch ausgeschaltet bleiben, damit die Texte im Publikum gut zu verstehen sind.

Viel Erfolg und Spaß!

Kopiervorlage „Einladung mit Programm“

Einladung zur großen Zirkusaufführung!

Am ______________________________ um ____________ Uhr lädt der

____________________________________- Zirkus

herzlich zur Vorführung ein!

Erleben Sie

- ____
- ____
- ____
- ____
- ____
- ____
- ____
- ____

Geben Sie uns bis zum ______________________________ Bescheid,

ob Sie dabei sein werden. Wir freuen uns auf Sie!

Ihre Zirkusmannschaft aus

der _________________________________ -Gruppe

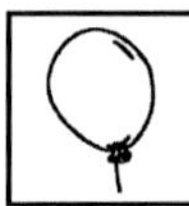

Die letzte Nummer (ab 3 Jahren)

Material:
je Gast 1 Taschentuch

Arbeitsanleitung:

1. Beim Hereinkommen in den Zirkusaufführungsraum erhalten alle Gäste ein Taschentuch. Ist das Programm zu Ende, kommt „Die letzte Nummer“.

2. Dazu wählen Sie ein älteres Kind aus. (Alternativ können Sie diese Nummer auch selbst durchführen.) Wie bei den anderen Nummern auch geht zunächst ein Nummernkind mit der Zahl durch die Manege.

3. Das für die letzte Nummer ausgewählte Kind hält ein Taschentuch in der Hand und erklärt dem Publikum:

   Zum Schluss wollen wir euch noch einen Zaubertrick beibringen, wir wollen etwas verschwinden lassen. Ihr habt ja von uns ein Taschentuch bekommen. Nehmt nun bitte dieses Taschentuch in die rechte oder in die linke Hand und faltet es auf. Macht mir die Bewegung nun erst einmal nach: Taschentuch nach oben (die Erwachsenen halten das Taschentuch hoch)*, Taschentuch nach unten (die Erwachsenen halten das Taschentuch nach unten). Taschentuch wieder hoch … und wieder runter, wieder hoch und wieder runter.*

4. Das Kind macht die Bewegungen bewusst langsam, damit die Eltern sie verstehen und mitmachen.

5. Haben alle diesen Bewegungsablauf gelernt und das ganze Publikum macht diese Bewegung mit dem Taschentuch, gehen die Kinder als ganze Gruppe winkend aus dem Raum.

6. Natürlich kommen sie nach dem Applaus dann wieder herein und verbeugen sich.

Das war die letzte Nummer!

Drei kleine Zaubereien (1) (ab 4 Jahren)

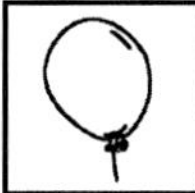

Erste Zauberei:

Material:
2 große Papiertüten, je Kind 3 Chiffontücher in derselben Farbe, Zaubersprüche (s. S. 5)

Vorbereitung des Tricks:
Üben Sie mit den Kindern drei der Zaubersprüche aus dem Angebot „Zaubersprüche" ein.
Jedes Kind bekommt drei Chiffontücher in derselben Farbe. Es knüllt eines der Tücher nun klein zusammen und steckt es sich in die Hosentasche (alternativ in den Hosenbund, unter den Pulli oder das Kleid, sodass man es nicht sehen kann).
Ein weiteres Tuch gibt das Kind Ihnen.
Sie knoten nun alle Tücher, die Sie von den Kindern bekommen haben, aneinander und legen sie in die Papiertüte, die Sie in die zweite Tüte gestellt haben.
Das dritte Tuch halten die Kinder zusammengeknautscht in der Hand.

Arbeitsanleitung:

1. Nun kann das Kunststück beginnen.
   Übernehmen Sie selbst die Moderation und sagen:

   Hier haben wir … kleine Zauberkünstlerinnen und Zauberkünstler! Wir sind gespannt, was sie uns heute wieder zeigen werden. Kinder, zeigt doch einmal, was ihr in eurer Hand haltet.

   Die Kinder öffnen die Hände und wedeln mit dem Tuch, das nun gut zu sehen ist.

   Wie viele Tücher haben wir hier? Lasst uns zusammen zählen!

   Die Kinder zählen laut gemeinsam mit Ihnen die Tücher.

   Nun wollen wir einmal ausprobieren, wie wir es schaffen können, die Tücher alle aneinanderzuknoten, und zwar ohne, dass wir sie dabei anfassen müssen. Meint ihr, wir schaffen das?

   Die Kinder können rufen „Ja, mit Zauberei!"
   oder aber Sie sagen selber „Das geht wohl nur mit Zauberei!"

   Das hier ist eine Zaubertüte. Mit dem richtigen Spruch verbinden sich darin die Dinge miteinander. Lasst uns einmal alle Tücher in diese Tüte legen … und dann schauen wir, was passiert.

   Die Kinder legen alle ihre Tücher in die Tüte, die in der äußeren Tüte steckt.
   Achtung: Sie sollten hierbei die Öffnung der innen befindlichen Tüte so halten, dass die Kinder alle einzelnen Tücher hier hineinstecken. Dies sollten Sie zur Sicherheit vorher einmal üben.

   Sprechen Sie mit den Kindern den ersten Spruch, zum Beispiel:

   Ene, mene Zauberei, ene mene Wunderstaub,
   nichts ist hier mehr einerlei, alles geht, wie ich es glaub!

2. Ziehen Sie nun drei bis vier einzelne Tücher aus der inneren Tüte heraus.

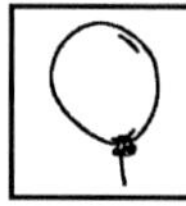

Drei kleine Zaubereien (2)

3. Sagen Sie:

   Oh je, das war wohl der falsche Zauberspruch, die Tücher haben sich nicht verbunden! Was sollen wir tun?

4. Stopfen Sie die Tücher wieder in die Tüte zurück.

   Wir brauchen einen anderen Zauberspruch!

5. Sprechen Sie gemeinsam mit den Kindern den nächsten Zauberspruch:

   Simsalabum, simsalaborium,
   simsalabi, salabei, saladum!

   Wieder passiert nichts, also muss ein weiterer Spruch her.
6. Stecken Sie die „Test-Tücher“ wieder zurück in die Tüte.
   Achten Sie dabei darauf, dass nun eines der Tücher schnell greifbar ist, das den Anfang der Tücherkette aus der äußeren Tüte bildet. Sagen Sie:

   Hokus, Pokus, fidibius,
   dreimal grüner Zauberkuss.
   Hokus, Pokus, Goldmagie,
   verbindet euch, sonst klappt es nie!

7. Nun kommt das große Finale: Sie ziehen tatsächlich eine Tücherkette aus der Tüte heraus! Gemeinsam wird kräftig geklatscht.
8. Dann sagen Sie:

   Aber (Name des Kindes), was hast du denn da in deiner Hose?

   Nun kommt der Überraschungseffekt:
   Das Kind zieht ein Tuch aus der Hosentasche heraus.
9. Dann ziehen alle Kinder ihr Taschentuch aus der Tasche und wedeln fröhlich damit.

Das Publikum wird staunen!

Zweite Zauberei:

Material:
1 Umzugskarton, schwarzer Filzstift

Vorbereitung:
Schreiben Sie mit dem schwarzen Filzstift „1 000 kg“ riesengroß auf den Karton.

Arbeitsanleitung:
1. Wählen Sie ein älteres Kind aus, dem Sie ein wenig schauspielerische Fähigkeiten zutrauen (und das mit der Aufgabe nicht überfordert ist).

Drei kleine Zaubereien (3)

2. Dieses Kind erhält jetzt die Anweisung, folgendermaßen vorzugehen: Es geht zum leeren Karton und tut so, als wäre dieser so unglaublich schwer, dass es ihn nicht hochheben kann. Es holt sich Verstärkung von zwei oder drei weiteren Kindern. Alle gemeinsam schaffen es jedoch nicht, die 1 000 kg zu stemmen.
3. Die anderen Kinder können nun einen mit Ihnen vorher verabredeten Zauberspruch aus dem Zauberspruch-Angebot aufsagen.
4. Das Kind holt den schwarzen Filzstift. Es geht zum Karton und streicht die drei Nullen weg, sodass nun „1 kg" darauf steht.
5. Dann hebt es den Karton fröhlich hoch und trägt ihn aus der Manege.

Die Zauberei hat gewirkt!

Dritte Zauberei:

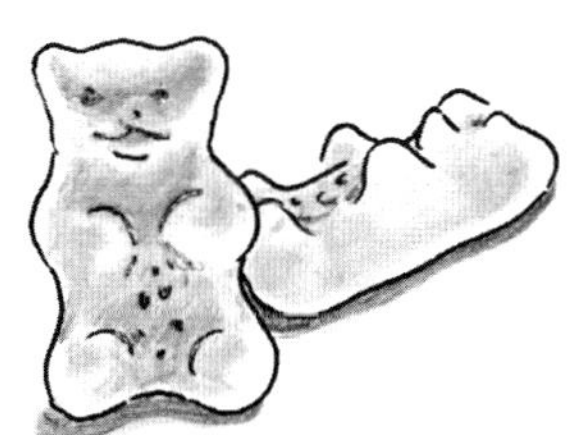

Material:
Zauberhut, Gummibärchen oder Bonbons, 1 Tisch

Arbeitsanleitung:
1. Das Kind hat den Zauberhut auf. Sie moderieren den Trick folgendermaßen an:

   Zunächst üben wir zusammen einen Zauberspruch ein. Je mehr Leute ihn sprechen, umso wirksamer wird er sein.

2. Sie üben mit dem Publikum und den übrigen Kindern einen der Zaubersprüche.
3. Dann sprechen Sie wieder zum Publikum:

   Sie sehen nun ein Kunststück unserer berühmten Zauberkünstlerin …
   Sie wird heute zeigen, wie sie durch reine Zauberei diese Bonbons unter den Hut zaubern wird, ohne dabei den Hut zu berühren!
   Wir können gespannt sein.

   (Alle sagen gemeinsam mit dem Publikum den Zauberspruch.)
4. Das Kind nimmt die Gummibärchen, isst sie auf und verbeugt sich.
5. Sie klatschen begeistert und sagen:

   Die Bonbons sind unter dem Hut! Unsere Zauberkünstlerin …,
   das war echte Magie, vielen Dank!

Clowns-Nummer (ab 5 Jahren)

Material:
Kissen, zu große Schuhe, zu lange Hosen, rote Nasen (s. S. 18), leere Gießkannen, Kopiervorlage „Clown" (s. S. 37)

Vorbereitung (1):
Kopieren Sie die Clown-Bilder für jedes Kind. Sprechen Sie zunächst mit den Kindern über Clowns.
Wichtig dabei ist: Es gibt Männer und Frauen in Clowns-Kostümen. Lesen Sie den Kindern den folgenden Text vor oder besprechen Sie die Punkte im Text gemeinsam im Stuhlkreis.
Clowns sind tolpatschig, sie sind sehr empfindsam, erschrecken leicht und stolpern oft. Sie machen Dinge, die eigentlich nicht erlaubt sind. Und sie liegen manchmal falsch mit ihren Vermutungen. Zum Beispiel denkt der Clown in unserer Übung, dass Kinder wachsen, wenn man sie gießt.
Clowns bringen die Menschen zum Lachen. Sie sind aber nicht nur lustig, sondern sie können auch weinen und sehr dramatisch sein.
Geben Sie den Kindern nun die Kopiervorlage (Clown) und lassen Sie sie die Bilder ausmalen.

Vorbereitung (2):
Zwei Kinder bilden ein Paar. Für die Übung in der Gruppe können dazu Zweierteams gebildet werden.

Für den Auftritt beim Abschlussfest sollte dann nur eines der Paare in die Manege gehen.
Die Kinder verkleiden sich als Clowns und ziehen sich die roten Nasen an.

Arbeitsanleitung:

1. Nun gilt es, ein kleines, kurzes Rollenspiel einzustudieren. Es soll möglichst lustig sein, ohne dass die Kinder sich viel Text merken müssen. Dazu üben die Kinder, in den Himmel zu starren, dabei rückwärts gegeneinander zu laufen und fast umzufallen. Erklären Sie den Kindern, dass es darum geht, möglichst lustige Fehler zu machen.
2. Wenn die Aufführung beginnt, sagt ein Kind (Clown) zunächst:

   Komm, wir steigen auf den Stuhl, dann können wir den Leuten von oben zuwinken!

   Das andere Kind antwortet:

   Au ja, das ist eine tolle Idee, und dann können uns die Leute ja auch von unten zuwinken!

3. Beide Kinder nicken übertrieben stark. Sie stellen einen Stuhl bereit, von dem aus sie winken wollen. Sehr umständlich und stolpernd und natürlich erfolglos versuchen sie nun, diesen Stuhl zu besteigen. Das erste Kind sagt:

   Also ich kann ja zuerst auf den Stuhl klettern. Am besten klettere ich an der Lehne hoch, und dann schwinge ich das Bein …

   Dabei macht der Clown ein paar Verrenkungen.
4. Es klappt natürlich nicht. Die Kinder helfen sich dann gegenseitig, verhindern aber immer wieder, dass einer von ihnen es schafft, den Stuhl zu besteigen. Während sie beide nachdenken, wie sie es schaffen können, schauen sie an die Decke und stoßen rückwärts gegeneinander.
5. Dann könnten sie so etwas sagen wie:

   Wir schaffen es nicht, auf den Stuhl zu steigen. Mit diesem Stuhl stimmt auch irgend etwas nicht.
   Wir brauchen eine andere Lösung, um von weiter oben winken zu können.

6. Sie ziehen aneinander, um länger zu werden, dann begießen sie sich gegenseitig (pantomimisch mit den leeren Kannen) mit Wasser, um zu wachsen. Alles klappt nicht. Am Ende sinken sie erschöpft zu zweit auf den Stuhl und schlafen ein.

Applaus!

Mit wie vielen Bällen jongliert der Clown? (ab 4 Jahren)

Zähle und ordne zu, indem du die Clowns mit der richtigen Zahl verbindest!

6 4 2

3 5 7

Erste Zahlen: Schilder für die Zirkusaktionen (ab 5 Jahren)

Material:
10 DIN-A4-Tonpierbögen, Wachsmaler, Buntstifte, 10 Muggelsteine

Arbeitsanleitung:

1. Schieben Sie die Tische zusammen und setzen Sie sich mit den Kindern um die Tische. Legen Sie die 10 Muggelsteine, die Buntstifte und die Tonpapierbögen bereit.
2. Erklären Sie den Kindern:
   Wenn wir die große Zirkusaufführung haben, wollen wir unsere einzelnen Zirkusnummern richtig schön ankündigen. Deshalb bekommt jede Zirkusnummer tatsächlich eine Zahl. Vor der nächsten Darbietung geht dann immer ein Kind mit der Riesenkarte in der Manege herum, um sie den Eltern zu zeigen. Dann erst beginnt das nächste Kunststück. Nun wollen wir heute gemeinsam diese Riesenkarten herstellen.
3. Zählen Sie zusammen mit den Kindern alle Muggelsteine, die auf dem Tisch liegen. Fragen Sie die Kinder, mit welcher Zahl sie anfangen wollen, um sie auf die Riesenkarte zu schreiben. Zum Beispiel: Fordern Sie ein Kind auf, einen Muggelstein zu nehmen. Schreiben Sie dann die Zahl 1 groß auf den Tonpapier-Bogen. Wenn möglich, schreiben Sie die Zahl so, dass sie sich noch ausmalen lässt.
4. Verfahren Sie so mit allen übrigen Zahlen.
   Achtung: Hat ihr Programm nur 6 Programmpunkte, dann genügen natürlich 6 Muggelsteine und 6 Tonpapierbögen.

Hinweis:
Die Präsentation der nächsten Nummer mit Hilfe der Bögen ist eine gute Möglichkeit für schüchternere oder ganz kleine Kinder, an der Aufführung mitzuwirken. Lassen Sie deshalb bei der Aufführung ruhig verschiedene Kinder diese Zahlenkarten vorzeigen, so kommen möglichst viele Kinder zum Einsatz. Sie können das Vorführen der Zahlen auch direkt mit den Kindern einüben, sobald die Karten fertig geschrieben sind. Dazu geht das jeweilige Kind mit der Karte vor dem Bauch oder über dem Kopf (auf jeden Fall gut sichtbar für das Publikum) einen Halbkreis in der Manege, sodass auch alle Gäste die Zahl gut sehen können.

Das macht auch den schüchternen Kindern Spaß!

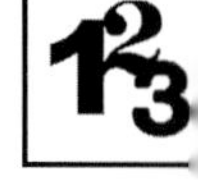

Der Knopf ist weg: Hilf dem Zirkusdirektor! (ab 3 Jahren)

Material:
Kopiervorlage „Hilf dem Zirkusdirektor“ (s. S. 39), Stifte, 1 Schere, Kleber

Arbeitsanleitung:

1. Geben Sie den Kindern die Kopiervorlage „Hilf dem Zirkusdirektor“.
2. Stellen Sie den Kindern nun folgende Aufgabe:

   Schaue dir die Anzugjacken (auch Jackett genannt) des Direktors genau an.
   In einem Knopf fehlt immer das Motiv. Finde das passende Motiv und male es in den leeren Knopf.

3. Die Kinder betrachten genau die Knöpfe, die sich an den Jacken bereits befinden. Sie suchen den fehlenden Knopf in der Vorlage und malen den Knopf aus.

BVK • Mareike Brombacher: Kita aktiv „Projektmappe Zirkus“

Hilf dem Zirkusdirektor!

Bitte hochkopieren

Traumreise: Ein Zirkustraum (1) (ab 3 Jahren)

Material:
Traumreise (s. S. 40 u. 41), Matten, ggf. Decken und Kissen

Arbeitsanleitung:
1. Wählen Sie für dieses Angebot einen Raum, in dem Sie auf dem Boden eine größere Freifläche zur Verfügung haben. Falls Sie einen Turnraum haben, ist dieser vermutlich am besten geeignet. Die Kinder legen sich mit dem Rücken auf ihre Matte. Bei Bedarf nehmen sie sich ein Kissen und eine Decke.
2. Lesen Sie die Traumreise langsam mit ruhiger Stimme und bewussten Pausen zwischen den einzelnen Abschnitten vor:

Traumreise (1)

Lege dich so gemütlich auf den Rücken, so wie du kannst. Wenn du magst, kannst du nun die Augen schließen. Du musst nichts weiter tun. Höre einfach meiner Stimme zu und entspanne dich dabei.

Atme nun einmal ganz tief durch die Nase ein und atme dann tief durch den Mund wieder aus. Mache das noch einmal: Tief einatmen … und wieder ausatmen.
Lege deine Arme neben deinen Körper, deine Handflächen zeigen nach oben.
Strecke deine Beine aus. Nun geht es los. Du bleibst die ganze Zeit liegen, während ich die Geschichte erzähle.

Du liegst auf dem Boden und spürst diesen ganz deutlich unter dir. Während du daliegst und den Boden spürst, merkst du plötzlich, wie eine Glitzerwolke über dir hängt und du über und über mit Glitzerteilchen besprüht wirst.

Du setzt dich auf und siehst vor dir eine fröhliche Zirkusdirektorin mit einem Zylinderhut auf dem Kopf. Sie heißt Miranda. Ihr Kleid ist dunkelblau und voller Sterne. Sie nimmt deine Hand, ohne etwas zu sagen. Ihr schwebt beide durch die Dunkelheit.

In der Ferne siehst du ein buntes Zelt, das hell erleuchtet ist. Es ist ein Zirkuszelt. Miranda schwebt mit dir in das Zelt hinein. Dort sitzen viele Zirkusbesucher.

In der Manege stemmt gerade ein Gewichtheber ein schweres Gewicht

und die Zirkusbesucher schauen ihm zu. Du staunst und freust dich.

Miranda kündigt die nächste Nummer an: Pedro, der Clown!
Der Clown torkelt durch die Manege. Er will eigentlich eine Seifenblase machen, aber immer wieder verschüttet er alles. Die Leute lachen.

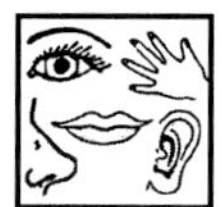

Traumreise: Ein Zirkustraum (2)

Plötzlich merkst du, dass Miranda auf die Akrobatinnen oben an den Drahtseilen zeigt. Du kletterst die Leiter hoch, bis ganz nach oben unter das Zirkuszeltdach. Dort bekommst du einen kleinen Schirm. Zum Glück bist du gesichert, es kann dir nichts passieren.
Du schaust nach unten. Die Leute und auch die Manege sehen winzig klein aus, so hoch oben bist du.

Vorsichtig gehst du über das Seil. Dabei hältst du den Schirm, er hilft dir, das Gleichgewicht zu halten. Du wagst einen Sprung und schwebst dabei ein Stückchen durch die Luft. Alle Leute klatschen.

Du hängst den Schirm beiseite und machst auf dem Seil einen Salto. Du hast gar nicht gewusst, dass du das kannst.

Beim nächsten Sprung fliegst du so weit in die Luft, dass du aus dem Zirkuszelt heraus ganz weit nach oben in den dunklen Himmel schwebst. Du schwebst höher als die Häuser in der Umgebung, du schwebst zwischen den Sternen hindurch und sogar am Mond vorbei. Dabei machen deine Glitzerteilchen eine silberne Spur am Himmel.

Miranda lacht und winkt dir zu.
Du winkst ihr zurück. Du spürst, wie du wieder nach unten sinkst.
Ganz langsam sinkst du wieder nach unten und die Erde kommt näher und näher.

Sanft landest du auf deiner Matte und fühlst auch den Boden wieder unter deinem Körper.

Erleichtert atmest du tief ein und dann wieder tief aus. Du bist gut angekommen!
Die Traumreise ist zu Ende.

Du streckst und reckst dich und öffnest langsam deine Augen.
Wenn du so weit bist, kannst du dich vorsichtig hinsetzen.

Sternen-Tüchertanz in der Zirkuskuppel (ab 4 Jahren)

Material:
für jedes Kind 2 verschiedenfarbige seidenähnliche Tücher (zum Beispiel Chiffontücher), Entspannungsmusik

Arbeitsanleitung:

1. Setzen Sie sich mit den Kindern im Kreis auf den Boden. In die Mitte des Kreises legen Sie die verschiedenfarbigen Chiffontücher.
2. Sagen Sie den Kindern: *„Wir wollen gleich mit diesen Tüchern in den Händen einen Tanz einüben. Wir stellen uns dabei vor, dass wir langsam durch ein Zirkuszelt schweben, bis ganz nach oben, noch höher, als die Seiltänzerinnen. Dabei können wir die Sterne an der Kuppel des Zeltes sehen."*
3. Schalten Sie die Entspannungsmusik ein. Jedes Kind nimmt sich zwei Tücher, für jede Hand eines.

Der Tanz gliedert sich in einzelne Schritte.

1. Wir beginnen zu fliegen: Die Kinder stehen mit den Tüchern in der Hand auf. Sie gehen im Rhythmus der langsamen Musik zwei Schritte zurück. Bei jedem der Schritte führen sie die Tücher einmal nach oben und nach unten.
2. Dann wedeln sie mit den Händen parallel über dem Kopf, sodass die Tücher über ihnen hin und her wehen. Dabei gehen sie langsam bis zur Mitte des Kreises. Danach gehen sie wieder rückwärts zurück an ihren Ausgangspunkt, wobei sie wieder bei jedem ihrer Schritte die Tücher nach oben und nach unten führen.
3. Wir schweben: Nun beginnt eine freie Einheit. Dabei tanzen die Kinder langsam zur Musik so durch den Raum, wie es ihnen gefällt. Dabei bewegen sie wieder ihre Tücher.
4. Wir fliegen zu unserem Ausgangspunkt zurück. Schritt 1 wird noch einmal wiederholt.
5. Wenn die Kinder wieder an diesem Ausgangspunkt im Sitzkreis am Boden angekommen sind, drehen sie sich einmal um sich selbst, um die Tücher noch einmal fliegen zu lassen. Sie strecken die Hände nach oben, nehmen sie wieder herunter, dann zerknautschen sie die Tücher in ihren Händen und lassen sie auf diese Weise „verschwinden".

Als Überraschungseffekt werden die Tücher aus den Händen in die Mitte des Kreises geworfen, wo sie sich auffalten und ein buntes Durcheinander bilden.

Es darf gerne zum Abschluss geklatscht werden!

Seifenblasen-Träumerei (ab 3 Jahren)

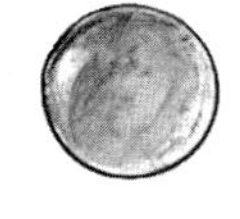

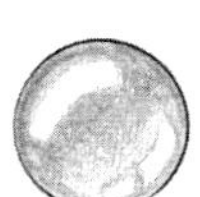

Material:
Seifenblasendosen, evtl. Riesen-Seifenblasen-Set

Arbeitsanleitung:
1. Geben Sie den Kindern Ringe in verschiedenen Größen.
2. Machen Sie nun selber Seifenblasen und lassen Sie die Kinder diese Blasen mit den Ringen „erwischen".
3. Lassen Sie die Kinder die Ringe dann selbst in die Lauge tauchen und eigene Seifenblasen herstellen.
4. Ist ein Set für Riesenseifenblasen vorhanden, dann machen alle Kinder zu den Riesen-Seifenblasen auch normale Seifenblasen.

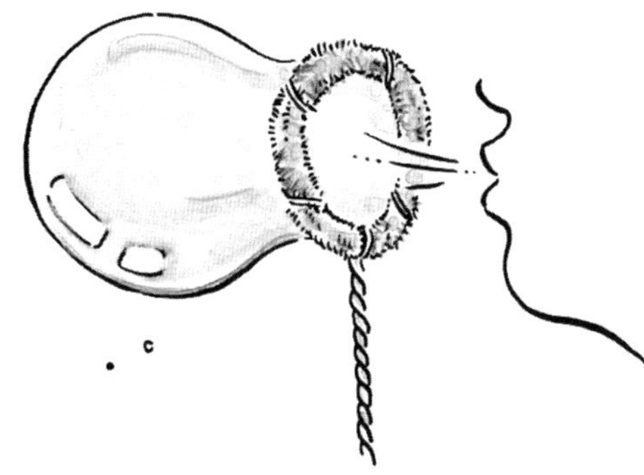

Für den Programmpunkt auf der Bühne können Sie selbst entscheiden, wie Sie je nach Ausstattung vorgehen möchten. Entweder Sie machen die Seifenblasen und einige Kinder fangen sie mit eleganten Bewegungen. Alternativ können die Kinder selbst Seifenblasen machen, sie durch Ringe pusten, einem anderen Kind entgegenblasen oder auch Riesen-seifenblasen durch einen Ring pusten.

Tipp:
Bei der Aufführung wäre auch ein „Seifenblasenteam" denkbar, das dafür zuständig ist, zu Beginn und zwischen den Nummern Seifenblasen zu pusten.

Seifenblasen selber machen – ohne Glyzerin

Zutaten:
250 g destilliertes Wasser, 4 EL Spülmittelkonzentrat,
ca. 3 Tropfen Sonnenblumen- oder Olivenöl

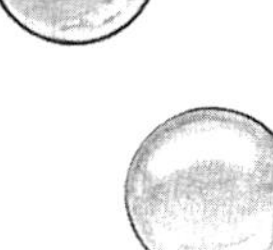

Arbeitsmittel:
Topf, Löffel

Arbeitsanleitung:
1. Erwärmen Sie das destillierte Wasser in einem Topf, sodass es lauwarm ist.
2. Rühren Sie mit einem Löffel das Spülmittelkonzentrat hinein. Nun muss das Gemisch für 10 Minuten durchziehen.
3. Fügen Sie dann etwa drei Tropfen Öl hinzu.

Nun kann es losgehen mit der schillernden Pracht!
Viel Spaß!

Tipp:
Falls Sie bei der Schlussaufführung die Seifenblasen im Programm haben, bietet es sich an, die Flüssigkeit rechtzeitig vor dem Aufführungstag herzustellen und nicht erst am Tag selbst. Stellen Sie die Flüssigkeit aber zur Aufbewahrung **nicht** in den Kühlschrank.

Seiltanz (ab 3 Jahren)

Material:
Springseile ohne Griffe an den Enden, 2 Turnbänke, Zirkusmusik, 1 Stange oder 1 Regenschirm, 1 Ball, ggf. 1 Holzstange in Besenstiel-Länge, Hoolahoop-Reifen, ggf. 1 Kreppklebeband

Arbeitsanleitung:
Zunächst sind die **kleineren Kinder** an der Reihe.

1. Legen Sie dafür die Seile auf dem Boden aus. Je nach Anzahl der Kinder können Sie mit Kreppklebeband eine Linie auf den Boden kleben, an der die Kinder kurz warten können, bis sie an der Reihe sind. Am „Startpunkt“ des Seils darf sich nun das erste Kind aussuchen, ob es mit der Stange oder dem Regenschirm auf dem Seil balancieren möchte.
2. Erklären Sie den Kindern:
   Wir spielen jetzt, dass wir Seiltänzerinnen und Seiltänzer sind. Ihr müsst gut aufpassen, dass ihr nicht vom Seil fallt, wenn ihr euer Kunststück darauf macht. Wir spielen, dass wir ganz weit oben unter dem Dach des Zirkuszeltes balancieren. Das ist sehr gefährlich und wir wollen nicht abstürzen.

3. Schalten Sie dann die Zirkusmusik ein.
4. Das erste Kind verbeugt sich vor seinem Publikum und balanciert vorsichtig auf dem Seil. In kleinen Schritten geht es voran.
   Folgende Angebote für Bewegungen auf dem Seil können Sie den Kindern vorschlagen:
   - in die Hocke gehen und sich wieder aufrichten,
   - sich hinsetzen und wieder aufstehen, dabei natürlich immer die Stange / den Schirm halten,
   - rückwärts gehen,
   - winken …

Für die **größeren Kinder** verwenden Sie dieselbe Erklärung.
Die Kinder balancieren auf zwei nebeneinander liegenden umgedrehten Turnbänken. Sie können sich am Start des „Seils“ ebenfalls die Stange oder den Schirm wählen. Außerdem können sie auch einen Hoolahoop-Reifen über ihren Arm hängen und ihn während des Balancekunststücks am Arm zum Drehen bringen.

Eine weitere Idee für die größeren Kinder:
Die Kinder balancierenn zu zweit und werfen sich einen Ball zu.
Dabei sollen sie immer daran denken, sich vor dem Publikum zu verbeugen (vorher einüben). Außerdem sollen sie auch die Spannung aufrechterhalten, da sie sich gedacht ja in der Höhe unter der Zirkuskuppel befinden.

Hinweis:
Einige der Kinder haben ggf. „Tanzkleidung“ zu Hause und freuen sich, wenn sie diese bei dieser Übung anziehen dürfen. Spätestens bei der Aufführung für die Eltern können die Mädchen zum Beispiel gerne ein Tutu und die Jungen Turnhosen für den Seiltanz anziehen.
Das ist aber natürlich kein Muss.

Seilspringen (ab 5 Jahren)

Material:
1 langes Seil

Arbeitsanleitung:
1. Schlagen Sie gemeinsam mit einer Kollegin oder einem Kollegen das Springseil.
2. Sagen Sie die Sprüche beim Springen auf. Wenn die Kinder können und wollen, können sie die Sprüche mit aufsagen.

1) Das Seil (Sprung)
dreht sich (Sprung)
ganz wild (Sprung)
herum (Sprung).

3) Wir zählen (Sprung)
nun (Sprung)
ganz fröhlich (Sprung)
fein (Sprung),

2) Im Zirkus (Sprung)
wag ich (Sprung)
einen (Sprung)
Sprung (Sprung).

4) so soll (Sprung)
das Zirkus- (Sprung)
hüpfen (Sprung)
sein (Sprung).

3. Die Kinder sprechen in der Gruppe diesen Spruch. Ein Kind ist jeweils an der Reihe. Ist der Spruch vorbei, springt es aus dem Seil heraus und das nächste Kind ist an der Reihe.
4. Wenn die Kinder Spaß daran haben, können Sie diese Übung auch verlängern, indem Sie die Kinder noch ihr Alter sagen lassen und dann so oft das Seil schwingen, wie das Kind Jahre alt ist.

Ein passender Spruch wäre zum Beispiel:

1) Sag mir (Sprung)
noch (Sprung)
wie alt (Sprung)
du bist (Sprung).

2) Eins (Sprung)
Zwei (Sprung)
Drei (Sprung)
Vier (Sprung)
Fünf (Sprung)

Antwort: 5 Jahre!

Hinweis:
Dieses Angebot ist für Kinder ab 5 Jahren angelegt. Natürlich können Sie aber auch mit den jüngeren Kindern einen Versuch wagen. Dazu könnte zum Beispiel ein größeres Kind, das die Übung bereits beherrscht, ein kleineres Kind mitnehmen. Oder Sie lassen die kleineren Kinder nur durch das Seil rennen, während es schwingt.
Je nach den Fähigkeiten und Interessen der Kinder können Sie hier gerne auch jüngere Kinder mit einbeziehen. Probieren Sie es einfach aus!

Sprung durch den Feuerreifen (ab 3 Jahren)

Material:
Tiermasken „Tiger und Löwe“ (s. S. 47), Hula-Hoop-Reifen, (rotes, gelbes und orangefarbenes) Krepppapier, 2 Turnmatten, (gelber, brauner und / oder orangefarbener) Tonkarton, Scheren, Prickelnadeln, Prickelmatten, Gummibänder, Buntstifte, Wasserfarben, evtl. Malkittel, Zirkusmusik

Arbeitsanleitung:
Masken
1. Basteln Sie je nach Wunsch der Kinder eine Löwen- oder Tigermaske für jedes Kind. Dazu kopieren Sie die Kopiervorlagen für die Masken hoch.
2. Die Kinder wählen eine Maske und schneiden oder prickeln sie aus. Sie malen sie nach ihren eigenen Vorstellungen an.
3. „Bohren“ Sie mit der Prickelnadel an den vorgegebene Stellen Löcher in die Seitenteile und ziehen Sie für die Kinder das Gummiband hindurch.

Fertig sind die Tiermasken!

Feuerreifen
Schneiden Sie nun das Krepppapier in ca. 20 cm lange und ca. 3 cm breite Streifen.
Knoten Sie die Streifen rings um den Hula-Hoop-Reifen.
Fertig ist der Feuerreifen!

Dompteurnummer
Die Dompteurnummer kann beginnen!
1. Legen Sie dazu die beiden Turnmatten übereinander. Halten Sie den Feuerreifen davor in einer Höhe hoch, die die Kinder beim Sprung gut bewältigen können.
2. Schaffen Sie eine spannungsvolle Atmosphäre, indem Sie auf das Feuer am Reifen hinweisen und darauf, wie gefährlich das nun folgende Kunststück ist. Betonen Sie auch, wie gefährlich die wilden Tiere in der Zirkusarena sind.
3. Die Kinder ziehen ihre Maske an und setzen sich mit den Händen auf den Boden gestützt wie ein Löwe oder Tiger auf die Knie. Lassen Sie die Kinder wie Tiger oder Löwen herumstreichen und fauchen, damit sie in ihre Rollen finden.
4. Dann setzen sich die Kinder wieder in ihre Sitzposition.
5. Wird ihr Name aufgerufen, nehmen sie Anlauf und springen durch den Reifen.
6. Sie landen dabei weich auf den Matten. Wer sich noch nicht traut zu springen, darf auch durch den Reifen krabbeln.

Es darf kräftig geklatscht werden, wenn eines der Raubtiere den Sprung oder das Hindurchkrabbeln gewagt und gemeistert hat.

Tiermasken „Tiger und Löwe“

Quer-Jonglage (ab 4 Jahren)

Material:
jeweils 2 Bälle für vier Kinder, nach Möglichkeit Softbälle

Arbeitsanleitung:
Vier Kinder stellen sich im Viereck auf. An den einander gegenüberliegenden Ecken hat jeweils ein Kind zu Beginn den Ball. Gleichzeitig werfen diese beiden Kinder den Ball zu ihrem jeweiligen rechten Nachbarskind. Dieses fängt den Ball und wirft ihn direkt dem nächsten rechten Nachbarskind zu.

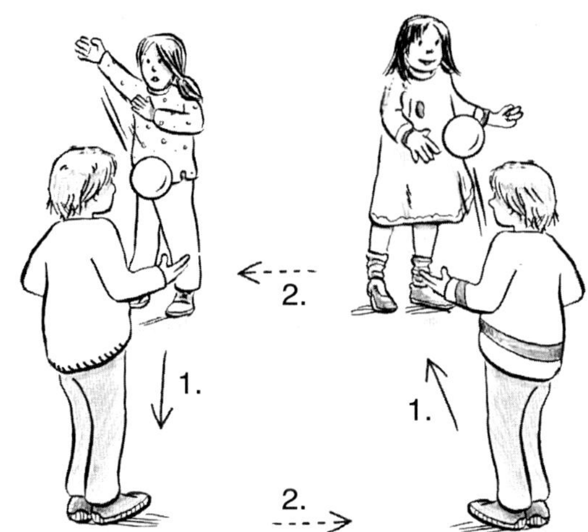

Variante:
Für größere oder ballbegabtere Kinder ist auch eine schwierigere Variante denkbar, in der das Kind gleichzeitig fängt und wirft. Dabei werden drei Kinder mit drei Bällen ausgestattet. Nun müssen die Kinder – fast gleichzeitig – den Ball werfen und fangen. Diese Variante ist allerdings schon recht anspruchsvoll.

Wilde Reiterei (ab 4 Jahren)

Material:
Spiel-Pferdeleine für Kinder (falls in der Kita vorhanden) oder Springseile, Hindernisse für den Parcours, zum Beispiel Turnkästen, Bänke …

Arbeitsanleitung:

1. Bauen Sie einen Parcours auf, über den die „Pferdchen“ gut springen können, zum Beispiel: eine Bank quergestellt, zwei Meter weiter einen Kasten, zwei Meter weiter noch eine Bank, dann eine Matte, die quergelegt einen See darstellt, drei Bänke in engerer Stellung hintereinander …
   Je nach dem im Raum verfügbaren Platz können Sie diesen Parcours nach Belieben erweitern.
2. Jedes Kind sucht sich ein Partnerkind. Die Kinder besprechen, wer als Erstes das Pferd sein soll und wer es führen wird. Dann bekommt das Kind, das das Pferd spielt, die Spiel-Pferdeleine locker angelegt bzw. das Seil locker um den Oberkörper (unter den Armen hindurch) geknotet. Nun rennen die Kinder los und bewältigen gemeinsam den Parcours.
3. Nach dieser Runde oder je nach Wunsch der Kinder werden die Rollen dann getauscht.

BVK • Mareike Brombacher: Kita aktiv „Projektmappe Zirkus“